MONSIEUR

DE

BOISDHYVER

PAR

CHAMPFLEURY

4

PARIS
ALEXANDRE CADOT ÉDITEUR
37, rue Serpente.
—
1857

MONSIEUR DE BOISDHYVER

Ouvrages de Léon Gozlan.

Pérégrine.	4 vol.
Aventures du prince de Galles.	5 vol.
Georges III.	3 vol.
La marquise de Belverano.	2 vol.
La comtesse de Bruines.	3 vol.

Ouvrages de la comtesse Dash.

La comtesse le Bossut.	3 vol.
La belle Aurore.	6 vol.
Le dernier chapitre.	4 vol.
Le Neuf de Pique.	6 vol.
La princesse Palatine.	6 vol.
La Marquise Sanglante.	3 vol.
La Bien-Aimée du Sacré-Cœur.	7 vol.
Les Amours de Bussy-Rabutin.	3 vol.

Ouvrages du vicomte Ponson du Terrail.

Les Coulisses du Monde.	8 vol.
La Baronne Trépassée.	3 vol.

Ouvrages d'Élie Berthet.

Le Spectre de Châtillon.	5 vol.
Les Mystères de la Famille.	3 vol.
Le Cadet de Normandie.	2 vol.
La Ferme de la Borderie.	2 vol.
La Bastide Rouge.	2 vol.

Fontainebleau, imprimerie de E. Jacquin.

MONSIEUR

DE

BOISDHYVER

PAR

CHAMPFLEURY

4

PARIS
ALEXANDRE CADOT, ÉDITEUR
27, rue Serpente.

1857

I

La jeune fille devient femme.

Pour la première fois de sa vie, Suzanne sentit poindre en elle une vive douleur qui débuta d'abord sourdement et gâta son heureux caractère comme une gorgée de vinaigre dans une jatte de lait. A peine fut-elle sortie de l'hôpital que le souvenir de Cyprien vint se présenter à l'état cuisant; madame Le Pelletier attribua le silence de sa fille à la pénible impression produite sur les cœurs tendres par la vue des gens malades et renfermés. Ayant essayé inutilement de distraire Suzanne en portant la conversation sur un autre terrain, elle laissa sa fille occupée à ses pensées intérieures, persuadée que ce sujet, tout pénible qu'il fût, ne pouvait qu'ouvrir plus grand le cœur de Suzanne à la pitié. Les yeux de Suzanne étaient tournés ailleurs, elle regardait du plus loin qu'il était possible si, au détour d'une rue, Cyprien n'apparaîtrait pas tout à coup ; elle croyait à un retard indépendant de sa volonté, et il lui restait encore un dernier espoir;

quoique le chemin de la maison de madame Le Pelletier à l'hôpital soit long, jamais la jeune fille ne le trouva plus court. Si elle était partie le cœur bondissant de joie, en se répétant : « *Il va venir !* » à cette heure, elle rentrait à la maison commentant en tous sens cette phrase : *Pourquoi n'est-il pas venu ?* Autant la grande porte cochère de l'hôpital semblait être ouverte à deux battants pour laisser passer son bonheur, autant la petite porte basse de la maison où elle allait rentrer lui parut barrer ses espérances. Ses pensées intérieures teintaient de gris les objets extérieurs : la rue tranquille sur laquelle elle jetait un coup d'œil tous les matins en se levant devint à ses yeux une vilaine ruelle ; les murs blanchâtres de la maison prirent un aspect terne, tout lui parut solitaire, abandonné, ronces, épines et chardons.

— J'ai mal à la tête, dit-elle à sa mère après un assez long silence dans le petit salon. C'était son premier mensonge que cette fausse migraine. Elle avait hâte d'être seule dans sa chambre, croyant y trouver le calme ; mais elle n'y fut pas plutôt entrée que ses pensées, jusque-là bridées, brisèrent leur mors et l'entraînèrent dans une ronde perfide comme celle des Willis s'emparant du voyageur égaré. Pendant la marche, la composition qu'elle cherchait à donner à sa physionomie pour ne pas inquiéter sa mère avait réussi à empêcher les pensées de s'échapper : mais aussitôt que Suzanne fut seule, elle crut voir des êtres animés, aussi nombreux que les atômes dansant dans un rayon de soleil, s'échapper d'elle et commencer leurs danses dans un brouillard épais. Le soleil baissait, un jour grisâtre lui succédait; Suzanne se repentit d'avoir imaginé le mal de tête qui était venu réellement, car un bourdonnement désagréable tintait soudainement à ses oreilles, et si elle n'eût craint de passer pour capricieuse, elle serait descendue au petit salon près de sa mère pour y chercher protection contre ses pensées dévorantes.

En une après-midi, Suzanne fit connaissance avec des chagrins d'autant plus amers qu'elle n'en soupçonnait pas l'existence ; ce n'était pas encore la jaune jalousie qui s'emparait d'elle, mais elle croyait à l'oubli, à l'indifférence, qui sont proches parents de la jalousie. Une occasion s'était présentée, assez rare pour être saisie avec avidité, et Cyprien avait manqué au rendez-vous ! Quoique jusque-là le mot *amour* n'eût été prononcé par aucun des deux jeunes gens, Suzanne réfléchit que Cyprien ne l'*aimait* pas comme elle l'aimait. De temps en temps, un petit filet de soleil venait à percer ces noirs nuages et rassérénait l'esprit de Suzanne, en lui faisant voir Cyprien moins coupable qu'elle ne le croyait ; mais de nouveaux nuages s'épaississaient aussitôt et voilaient ce tendre rayon. « Pourquoi l'ai-je rencontré ? » se disait Suzanne, qui voyait au loin défiler ses années si heureuses d'innocence et de jeunesse. « Pourquoi ne m'avait-il pas laissé brûler vive ? » Elle souffrait, en effet, et ressentait des flammes intérieures plus cuisantes que celles du jour de la Fête-Dieu.

Cette première nuit sans sommeil, Suzanne le passa à éteindre, à rallumer sa bougie, à la souffler, à la rallumer encore; l'obscurité complète la fatiguait, la lumière froissait ses paupières sèches; elle s'agitait dans son lit en tout sens sans y trouver le repos ; les matelas lui semblaient brûlants et les plis des draps froissaient son jeune corps irritable. Elle manquait d'air, sa chambre était remplie de ces vapeurs lourdes semblables à celles qui précèdent un temps d'orage aux jours caniculaires ; elle pensa à ouvrir sa fenêtre et à baigner cette fièvre brûlante au vent frais de la rue ; mais l'espagnolette grinçait, madame Le Pelletier avait un sommeil très léger ; de sa chambre, elle entendait le moindre mouvement qui se faisait chez sa fille. Suzanne fut obligée de renoncer à l'air bienfaisant de la nuit. Lassée de combattre, elle s'abandonna à ses ennemis, qui étaient ses pensées, et les laissa libres de la torturer sans qu'elle fît la moindre résistance. Il en résulta un léger assoupissement, qui gagna la jeune fille et qui la tint entre le sommeil et la veille, sans transition brutale. Dans cet état de demi-somnolence, elle pouvait encore penser, mais d'une façon trouble, ainsi qu'un plongeur *voit* à travers des eaux malsaines. Le repos ne mit pas en action autour de la jeune fille ses moustiquaires consolants; cependant Suzanne flotta entre le rêve et la vie, de telle sorte que les angles aigus de ses sensations cruelles s'effacèrent momentanément.

Ce fut une trêve de courte durée : la jeune fille était réveillée brusquement à cinq heures du matin, une heure avant son habitude. Il y a de tels cauchemars si horribles que les malheureux qui en ont été terrifiés, quoique réveillés brusquement et se rendant compte de la non-réalité des faits entrevus, se relèvent brusquement, le corps ensommeillé, n'osant plus se coucher dans la crainte de voir reparaître les fantômes sanglants qui ont perlé leur front de sueurs. Par un mouvement analogue, Suzanne sauta à bas du lit, heureuse d'échapper à sa couche et aux pensées nocturnes qui avaient agité leurs ailes au-dessus d'elle. Le petit jour apparaissait fin et discret à travers l'ouverture des rideaux. Suzanne ouvrit la fenêtre grande; à l'horizon, le ciel était pourpre et enflammé comme un coucher de soleil : c'était un signe de grand vent. Suzanne connaissait ces signes de température dont s'occupent plus généralement les personnes condamnées à une vie monotone. Elle respira plus librement; pour elle le vent était une consolation, un bienfait inattendu. Elle fit sa première toilette avec une précipitation inaccoutumée, et descendit au jardin, où elle avait hâte de prendre un bain d'air pour faire disparaître ses émotions de la nuit. Le vent ne se fit pas attendre et répondit au pronostic de l'horizon rougeâtre par ses sifflements accoutumés ; on entendait dans le voisinage des volets de bois mal attachés frapper les murs, des ardoises tomber des toits et se briser sur les pavés ; les fleurs, les arbustes, même de vieux arbres se courbaient pour saluer l'arrivée du tyran. Suzanne était tranquille ; la sérénité avait reparu sur sa figure ; elle aspirait ces souffles bruyants descendus dans le petit jardin ; en suivant de l'œil les mille objets légers que le vent emporte dans son tourbillon, elle espérait que ses chagrins allaient prendre la même route ; mais les illusions en s'envolant laissent des endroits pénibles et désolés. Cette promenade matinale calma momentanément la fièvre de Suzanne ; mais aussitôt la première impression de bien-être éprouvée à l'air, Suzanne reconnut que le remède à son mal n'était pas là.

Le devoir la rappela à ses occupations ordinaires qui étaient de préparer le premier déjeûner qu'elle portait chaque matin au lit de sa mère.

— Tu es pâle, ce matin, mon enfant,

dit madame Le Pelletier en embrassant sa fille.

Suzanne resta quelque temps dans les bras de sa mère pour cacher son embarras.

— Qu'as-tu? tu m'effraies, je ne t'ai jamais vu si mauvaise mine... Réponds-moi, mon enfant.

Suzanne, s'étant imaginée que l'air enlevait toute trace de chagrins, n'avait pas préparé de motifs convenables et ne répondait pas ; mais sa mère vint la tirer d'embarras.

— Est-ce toujours ce vilain mal de tête d'hier ?

Suzanne ne pensait plus qu'elle avait invoqué cette indisposition.

— Il fallait rester au lit, ma fille, te reposer ; tu as été allumer le fourneau, je suis sûre que les charbons t'ont fait mal... Je ne te mènerai plus à l'hôpital maintenant... Pauvre enfant ! s'écriait la veuve en contemplant les traces de la passion sur la figure de Suzanne.

La physionomie de la jeune fille était si pure, si calme et si chaste que la moindre peine s'y inscrivait comme la carapace du lézard sur le sable, le moindre souffle sur l'eau d'un lac.

— Reste près de moi ainsi, dit la veuve à Suzanne, qui avait posé sa tête sur l'oreiller près de la tête de sa mère.

Jamais un enfant au berceau ne reçut plus de tendres caresses et n'entendit de mots plus doux que Suzanne ce jour-là, près de madame Le Pelletier. La veuve, loin de soupçonner les souffrances intérieures de sa fille, n'en saisissait que les traces trop visibles, et elle s'efforçait de les dissiper par un redoublement d'affection qui faisait d'autant plus souffrir Suzanne qu'elle trompait sa mère. Elle n'avait qu'à lui dire : *Le mal est là*, en montrant son cœur, et bientôt une douce confidence, un repentir sincère amèneraient des larmes communes, symptômes de la guérison.

—Si je ne le vois pas aujourd'hui, pensa Suzanne, je dis tout à ma mère.

Et elle sortit sa tête des mains de la

veuve, qui plongeaient dans ses épais cheveux blonds. En un moment, la figure de Suzanne changea de nuance, car un raisonnement inattendu avait mis en fuite ses inquiétudes de la nuit.

—Il n'a pas pu venir hier, il viendra aujourd'hui.

—Tu te sens mieux, dit madame Le Pelletier, qui vit le sourire reparaître sur les lèvres de Suzanne... A la bonne heure, viens que je t'embrasse encore.

Suzanne se jeta dans les bras de sa mère, sans craindre de laisser paraître son émotion. Elle passa la matinée dans des espérances riantes et folles qui la faisaient chanter dans la chambre, se mouvoir comme une chèvre capricieuse, ouvrir les armoires et les tiroirs de sa commode pour changer de rubans et de bonnet. Elle ne se trouvait pas assez belle pour fêter l'arrivée de Cyprien. Grâce à cette impatience, le léger repas que Suzanne préparait pour midi se ressentit de son état : les œufs étaient durs, les côtelettes brûlées d'un côté.

— A quoi penses-tu, Suzanne? demanda doucement madame Le Pelletier sans se douter que sa fille pensait fortement; mais dans son entrain et sa vivacité, Suzanne comblait sa mère de caresses, et sa gentillesse naturelle faisait sourire la veuve, qui appelait Suzanne enfant, tandis que les troubles de la nuit précédente avaient chassé l'enfance pour toujours.

A une heure, après quelque temps de repos, les dames avaient l'habitude de s'asseoir près de la fenêtre, chacune dans une embrasure, et de s'installer commodément à l'ouvrage, les pieds sur une chaise. C'est l'heure la plus animée de la rue : le soleil invite chacun à quitter ses travaux, à jouir de la promenade, la circulation s'ensuit ; jamais Suzanne ne fut plus spirituelle et plus gaie que pendant ces deux heures : elle animait le petit salon de sa parole, elle le remplissait et le rendait vivant. Madame

Le Pelletier riait aux éclats des saillies de sa fille, qui parlait comme chante l'oiseau sur la branche. Certainement les grandes pensées ne faisaient pas le fond de ses conversations, mais il ressortait du timbre de sa voix un naturel si heureux qu'un charme puissant s'attachait à chacun de ses mots; mais aussitôt que la pendule eut sonné deux heures, Suzanne se tut tout à coup et fut reprise par ses accès nocturnes. Cyprien ne venait pas, il était donc malade. Après avoir manqué la veille à sa visite de l'hôpital, il paraissait impossible à Suzanne qu'il ne vînt pas le lendemain témoigner par une visite des motifs qui l'avaient empêché. Cependant il restait encore deux heures pendant lesquelles il est décent en province de rendre visite; mais un pressentiment secret s'empara de la jeune fille et lui démontra que Cyprien ne viendrait pas.

Madame Le Pelletier ne prêta aucune attention au changement qui s'était opéré si brusquement en Suzanne; tout en brodant, préoccupée de la conversation qu'elle avait eue la veille avec le docteur Richard, la gaîté de sa fille ne faisait que lui rendre plus triste le moment où elle se séparerait de Suzanne, la joie de la maison. Comme ce petit salon lui paraîtrait triste quand elle l'habiterait seule! Combien elle regretterait cette voix pure qui teignait en rose tous les endroits soumis à sa vibration! Donner Suzanne à un homme qui peut-être ne la comprendrait pas! La jeter

dans les bras d'un être sans délicatesse !
Madame Le Pelletier soupirait et ne se trouvait pas le courage nécessaire à cette forte résolution.

Séparées par l'embrasure d'une fenêtre, la mère et la fille songeaient aux hommes, sans se douter qu'un même sujet les occupait à la même heure : la pensée de Suzanne était tournée vers l'évêché, celle de madame Le Pelletier à la sous-préfecture ; toutes deux craignaient, l'une le passé, l'autre l'avenir. Suzanne se repentait d'avoir accumulé sur la personne de Cyprien une montagne de félicités, et de ne les plus trouver qu'en lui ; la veuve du président balançait avant de confier à un homme le trésor d'affections qu'elle enfouissait chaque jour dans sa fille. Les mères deviennent ainsi d'une sublime avarice, craignant de voir dissiper par des mains prodigues les richesses d'éducation, de bons conseils, de beaux sentiments qu'elles ont planté et vu croître : madame Le Pelletier ne s'était jamais habituée à l'idée de se séparer de sa fille, aussi la confidence du docteur Richard lui porta-t-elle un coup sensible.

Il était donc vrai, il fallait songer au mariage de Suzanne; le docteur l'avait dit, et toutes les paroles qui sortaient de la bouche de l'ancien ami de la famille étaient toujours marquées au coin de la raison. Par une singulière coïncidence, la mère n'avait guère plus reposé que la fille; ses alarmes, quoique moins vives, étaient encore assez fortes pour troubler une existence tranquille. Madame Le Pelletier songea un moment à confier à Suzanne ses soucis et la rendre juge dans cette question délicate; mais en entendant sa fille chanter après le déjeûner, courir ou plutôt voler du salon à la cuisine, de la cuisine au salon, la veuve se dit que Suzanne n'était pas encore assez mûre pour donner son avis sur son propre avenir. En ce moment, elle eût voulu embrasser Suzanne, mais elle sentait son cœur gros de larmes qui ne demandaient qu'à s'épancher, et la vue de sa fille les eût fait rouler abondamment. A l'autre fenêtre, Suzanne s'efforçait de travailler et feignait la plus grande application à sa broderie, car elle comprenait que sa figure avait repris les agitations de son réveil du matin. Les deux femmes se cachaient ainsi leurs sentiments et tâchaient d'éteindre leurs soupirs.

Suzanne profita d'un moment pour s'échapper du salon et préparer le goûter ; mais la réalité est qu'elle courut à son miroir, où elle remarqua ses yeux rougis, sur lesquels elle appliqua de l'eau fraîche. Le dîner se ressentait des pensées de l'après-midi ; la mère et la fille empruntaient de pâles sourires pour masquer leur contrainte. Si la conversation s'engageait, c'était pour se rompre aussitôt ; les paroles mentaient, et les deux femmes rougissaient de leur propre son de voix.

— Tu m'as passé ta migraine, Suzanne, dit madame Le Pelletier, en affectant de parler plaisamment.

— Je ne l'ai pas quittée cependant, ma bonne mère, reprenait Suzanne, voyant arriver avec inquiétude l'heure où elle allait se trouver seule.

— Si tu me faisais un peu de lecture, je crois que cela me distrairait.

Suzanne saisit cette circonstance avec empressement. Ces lectures n'avaient lieu ordinairement que dans les longues soirées d'hiver pour en varier la froide monotonie : c'étaient des romans anglais ou dans le goût anglais, *Miss Edgeworth et madame de Montolieu*, qui faisaient passer une demi-heure aux deux femmes, car Suzanne ne poussait pas plus loin son amour de la lecture, et madame Le Pelletier n'en demandait pas davantage, voulant seulement rompre ainsi la longueur des soirées. Ce jour-là, Suzanne lut la moitié d'un roman tout entier, quoique sa mère la priât de cesser pour ne pas se fatiguer ; mais Suzanne avait trop d'intérêt à se soustraire à ses propres pensées, et il fallut l'épuisement de la lampe pour interrompre la lecture du roman. Il était deux heures du matin ; madame Le Pelletier s'était endormie doucement pendant le récit des inventions de miss Edgeworth. Suzanne ne s'en aperçut qu'en fermant le livre, tant elle avait apporté d'application dans sa lecture; sans rien dire, elle se glissa doucement tout habillée sur le lit auprès de sa mère, espérant qu'auprès d'elle les songes de la nuit précédente ne viendraient plus la troubler. Elle avait peur de rentrer dans sa petite chambre, si gaie d'ordinaire, mais qui lui déplaisait depuis qu'elle y avait ressenti des sensations troublantes; elle n'osait plus être seule; elle craignait ses propres pensées, et près de sa mère, elle espéra qu'un repos salutaire s'emparerait de ses sens. Suzanne se trompait : l'image de Cyprien se glissa entre elle et sa mère, et l'empêcha de fermer les yeux; elle souffrit même davantage par la retenue que lui inspirait le sommeil de madame Le Pelletier, car elle n'osait ni respirer ni faire un mouvement; la pauvre enfant n'avait pas même la ressource des malades qui se retournent sur leur lit de douleur, et le froid de la nuit, joint à l'immobilité, lui faisait sentir le besoin de se déshabiller et d'entrer tout à fait dans le lit ; mais Suzanne respectait le sommeil de sa mère, le moindre mouvement l'eût coupé ; elle préféra rester dans cette position jusqu'au lendemain matin, épiant les quarts d'heure mortels qui s'échappaient de l'horloge publique de la Mal-Va.

L'immobilité forcée dans laquelle se tenait Suzanne semblait doubler l'activité de ses pensées ; mille projets se formaient dans sa tête, qui aboutirent cependant à une idée raisonnable. La première heure de la nuit avait annoncé le vendredi ; il restait deux jours jusqu'au dimanche, qui devait réunir forcément Cyprien et Suzanne aux orgues de la paroisse. Si Cyprien ne venait pas chez madame Le Pelletier dans l'intervalle, Suzanne renonçait à toucher de l'orgue et à rencontrer Cyprien. Elle accumula toutes les raisons qui militaient pour et contre Cyprien ; elle les classa en deux groupes opposés, et, pleine de sang-froid comme un magistrat, elle écouta la voix qui partait des deux groupes opposés, en écartant toutefois l'idée que Cyprien pût être malade. A part ce motif, le jeune homme était impardonnable : blessée dans son amour-propre, Suzanne se leva doucement au petit jour, non pas le cœur content, mais affermie dans sa résolution.

Jamais Suzanne ne reverrait Cyprien, s'il ne venait pas chez madame Le Pelletier avant le dimanche.

A cette heure, la jeune fille était ferme et arrêtée dans sa résolution ; sa figure s'en ressentait : elle y perdit un peu de sa douceur ordinaire, mais elle retrouva un calme de marbre qu'on n'eût pu supposer sous une si grande tendresse. Le reste de gaîté enfantine, les mouvements alertes et vifs, la carnation du teint en furent atteints légèrement ; mais Suzanne y gagna en se sentant devenir femme résolue. Huit jours la changèrent à ce point qu'elle ne se reconnaissait plus intérieurement, ne soupçonnant pas jusqu'alors les forces qui étaient en elle. Cyprien ne vint pas le vendredi, et Suzanne n'en fut pas troublée ; au contraire, elle se complaisait dans sa résolution et se félicitait du calme amer qu'elle puisait dans son amour-propre offensé. Elle devint sérieuse, et madame Le Pelletier remarqua, non sans étonnement, cette transition de la jeunesse à l'adolescence, cette mue qui faisait d'un papillon une chrysalide, aussi subite que le changement de voix chez les garçons de dix-sept ans.

Un moment madame Le Pelletier put

croire que Suzanne avait entendu la conversation du docteur Richard, et qu'elle s'essayait à jouer le rôle d'une jeune fiancée; mais le fait paraissait impossible. Suzanne était sortie avant que le médecin eût entamé un mot de cette grave question; s'il en avait parlé à d'autres personnes de la ville, Suzanne ne pouvait le savoir, personne n'étant entré chez la veuve depuis cet entretien. Madame Le Pelletier n'osant questionner sa fille, s'imagina que Suzanne avait pu remarquer l'employé et ses timides assiduités, malgré la profonde attention qu'elle apportait maintenant aux passants de la rue depuis les confidences de M. Richard, malgré la connaissance des heures auxquelles l'employé allait à son bureau et en revenait. Jamais la veuve n'avait pu surprendre le jeune homme dans sa rue tranquille; car Jousselin, honteux de son audace chez le docteur, faisait maintenant un assez long détour pour ne pas passer devant la maison des dames Le Pelletier.

La veuve se perdait en raisonnements, et elle croyait à l'échappement de ses propres pensées qui avaient peut-être donné à songer à Suzanne. Toutes deux vivant de la même vie, ayant une égale tendresse, occupées des mêmes idées, s'entendant à demi-mot, il n'était pas impossible que Suzanne eût surpris les secrètes agitations de sa mère, lorsque, les yeux gonflés de larmes à l'idée d'une future séparation, elle n'osait parler à sa fille ; peut-être même, pendant cette nuit où Suzanne s'était couchée près d'elle tout habillée, certains mots prononcés pendant un sommeil agité s'étaient-ils échappés de sa poitrine ; car Suzanne n'avait pas caché à sa mère, en déguisant un peu la vérité, qu'elle était tombée de fatigue sur le lit après la lecture du roman, et qu'elle s'était assoupie jusqu'au matin sans songer à regagner sa chambre.

Telles étaient les idées de madame Le Pelletier, lorsque Suzanne lui dit résolûment le samedi :

— Je n'irai pas demain toucher les orgues à la cathédrale.

La veuve fut étonnée de ce ton décidé, et demanda le pourquoi.

— Je ne sais ce que j'ai dans la main gauche, dit Suzanne appelant le dieu du mensonge à son aide : mes doigts ne remuent plus : j'ai voulu jouer ce matin du piano, il m'a été impossible.

— C'est singulier, dit la mère, ce sont les nerfs.

— Oh ! sans doute, reprit Suzanne de son ton de voix le plus naturel. Ne faudrait-il pas faire prévenir M. le curé, ma chère maman ?

— Qui sait? demain ce petit accident aura disparu sans doute, il serait fâcheux de manquer la messe.

— Quand même la fatigue ou l'effort auraient disparu de mes doigts, je préfère ne pas jouer, ma chère maman; déjà je me suis sentie dans cette disposition après avoir touché de l'orgue; il vaut mieux que je me repose.

— Tu vas perdre ton emploi, dit en souriant la veuve, qui se pliait aux moindres caprices de sa fille.

— Qu'importe! dit Suzanne.

— Tu seras remplacée d'ailleurs par M. Cyprien, dit madame Le Pelletier; il peut accompagner l'office.

— Certainement, et même mieux que moi.

— Je n'ai donc pas besoin de faire prévenir. M. Cyprien ne manque jamais de se trouver aux orgues avant notre arrivée.

— Sans doute ne reprendrai-je pas, fussé-je guérie, dit Suzanne qui voulut habituer sa mère à ne plus la conduire aux orgues.

— Quelle idée, Suzanne !

— Je me sens inférieure vis-à-vis de cet instrument ; sa puissauce m'écrase, mes forces ne répondent pas à mon sentiment... Devant mon piano, tout va bien ; mais je me sens grêle et faible en abordant le clavier de l'orgue ; la puissance me manque ; je me rends compte des fortes voix que je ne parviens pas à faire parler comme l'exige la sonorité de l'instrument, et je m'en reviens après chaque office un peu humiliée.

— Tu exagères ta faiblesse.

—Ma chère maman, tu aimes ta Suzanne,

et tu trouves bien tout ce qu'elle fait ; mais, sans faire parade de mon humilité, je t'assure que chaque messe me peine, parce que je sens ce qui me manque et ce que l'étude ne saurait me donner.

Madame Le Pelletier fut prise à ces raisons, qui semblaient les plus naturelles du monde, et elle approuva Suzanne dans sa bonté, préoccupée d'éloigner tout ce qui pouvait causer quelque inquiétude à sa fille. N'étant pas musicienne et ne se rendant pas compte de l'instrument, elle fut dupe des adroits sophismes de Suzanne, et la poussa même à abandonner cet instrument, puisque, loin d'y trouver un délassement, elle n'en rapportait que des fatigues et et du découragement. Suzanne fut heureuse d'avoir si adroitement coloré le motif qui l'éloignait des orgues ; toute l'après-midi du samedi elle entretint sa mère de la jouissance qu'elle éprouverait à entendre de la nef les voix puissantes de l'instrument auquel elle renonçait. D'en bas de l'église, l'effet était plus puissant; n'étant pas acteur dans le concert, on saisissait mieux les chants harmonieux qui gagnaient à être entendus à une certaine portée, et mille autres raisons auxquels la veuve du président donna son assentiment. N'ayant jamais remarqué de caprices chez sa fille, madame Le Pelletier croyait fermement à toutes ces raisons, issues d'un léger dépit; pour Suzanne, plus elle parlait, plus elle s'entêtait dans ses idées, et ses paradoxes prenaient à ses yeux la couleur de vérités infaillibles.

Cyprien ne vint pas le samedi.

Le lendemain matin, Suzanne passa plus de temps que d'habitude à sa toilette, et madame Le Pelletier l'admira avec une fierté toute maternelle dans ce renouvellement de physionomie qui la rendait vraiment femme d'une suprême beauté. Les dames prirent le chemin accoutumé de l'église, entrèrent par la petite porte de gauche de la façade. Après avoir pris de l'eau bénite et s'être signées :

— Où vas-tu, Suzanne? dit madame Le Pelletier, qui se dirigeait vers la nef.

— Ne montons-nous pas aux orgues? dit Suzanne.

— Comment! s'écria la veuve étonnée, en montant les marches du petit escalier noir en colimaçon.

— Ma douleur est passée ; ma main va beaucoup mieux.

II

Correspondances.

Une autre qu'une mère eût compris à des variations si subites l'état dans lequel se trouvait le cœur de Suzanne; madame Le Pelletier s'arrêta un moment pour se remettre de sa surprise : trois jours avant, sa fille lui semblait encore une enfant rieuse ; le lendemain elle devenait grave, et en un moment elle se montrait subitement capricieuse. La veuve du président suivait sa fille sans dire un mot ; elle ne demandait que le bonheur de son enfant, et elle était prête à le payer par de bien plus grands sacrifices. Suzanne, en ouvrant la petite porte de plain-pied avec les orgues, jeta un rapide coup d'œil ; Cyprien n'y était pas. Alors, si elle l'eût osé, peut-être fût-elle redescendue s'agenouiller dans l'église et prier sa patronne de l'affermir dans ses résolutions de la veille. En entendant le bruit de la porte grinçant sur ses gonds rouillés, le vieux souffleur apparut enveloppé dans son éternelle houppelande à boutons d'acier, salua les dames, et les prévint que Cyprien était déjà venu et qu'il comptait sur mademoiselle Suzanne pour l'accompagnement d'un ancien chant du seizième siècle, dont lui avait fait cadeau M. du Pouget. Il avait laissé la musique sur le pupitre, afin que Suzanne pût en prendre lecture avant la messe. Les chevreaux ne bondissent pas avec plus de joie sur les montagnes que le cœur de la jeune fille en apprenant cette nouvelle. Il pensait donc encore à elle! Le nom seul de Cyprien lessiva toutes les mauvaises inquiétudes qui s'étaient entassées chez Suzanne et qui décomposaient son teint. La pourpre des habits du roi Salomon, peint sur les vitraux de la rosace, pâlit à côté de l'incarnat des joues de Suzanne; elle se sentait revenir à la vie avec la vo-

lupté des fleurs étendues sur la terre grise
par un temps de sécheresse, qui boivent
avec avidité les gouttes d'une pluie bien-
faisante. Elle cachait son bonheur en fei-
gnant de lire l'accompagnement du psaume
qu'avait apporté Cyprien, et elle était heureuse de ne pas l'avoir vu en entrant, tant
elle craignait une trop vive émotion.

Le service divin commença ; Suzanne se
mit au clavier avec allégresse, et elle répondit aux chantres du chœur par une
phrase improvisée qui, malgré sa coupe
solennelle, laissait percer les sentiments
qui l'agitaient; en ce moment, Cyprien
entrait par la façade et traversait la voûte
de bois que forment les charpentes des

orgues. A cette place se tiennent à l'ordinaire, debout, les paysans habillés en blouse, qui n'avancent jamais plus loin dans l'intérieur de la cathédrale. Ont-ils l'humilité de leur simple costume? Évitent-ils ainsi de payer les chaises en restant debout? C'est cette dernière raison qui semblait la plus probable. Dans une soirée chez M. de Boisdhyver, M. du Pouget racontait que, harassé de fatigue à l'entrée d'un village, cherchant un endroit pour se reposer, un paysan qui fumait sa pipe tranquillement sur le devant de sa porte, sembla remarquer cette fatigue, et d'un ton sardonique :

— Entrez, monsieur le curé, asseyez-vous ; ici, on ne vous fera pas payer les chaises.

Un tel mot suffit pour faire juger du caractère des habitants d'une province, et M. du Pouget s'en servait pour expliquer la présence habituelle des paysans près du porche des grandes cathédrales. Les plus rusés avaient remarqué que le prêtre qui fait la quête ne s'avance pas plus loin que les tuyaux de l'orgue surplombant dans la nef, et, quoique debout, fatigués, ayant souvent une longue course avant de gagner le village, la place était bonne pour des gens qui n'aiment pas à délier le cordon de cuir de leur bourse. Ce jour-là, peu de paysans se tenaient sous les orgues; aussi Cyprien remarqua-t-il avec un certain étonnement un jeune homme de la ville (on n'en pouvait douter, à sa mise propre et à la coupe de ses habits), qui se tenait à la place favorite des paysans en blouse bleue. L'expression générale du jeune homme était si particulière, qu'elle eût suffi à le faire distinguer, entouré de personnes de sa condition. Il semblait en extase pendant que l'orgue fit entendre sa voix puissante; on eût dit qu'il buvait avec délices les flots d'harmonie qui descendaient de la voûte; sa physionomie devint d'autant plus caractéristique quand l'instrument se tut pour laisser répondre les chantres et les enfants de chœur : l'extase avait disparu, le jeune homme redevenait un être ordinaire; sa figure, tout à l'heure illuminée, retrouvait sa quiétude, le feu de ses regards s'éteignait.

D'un simple coup d'œil, Cyprien remarqua cette physionomie sans y attacher une plus grande importance, quoique, s'il eût connu l'homme, les espérances qui s'agitaient en lui, l'attention que celui-ci portait à cette musique d'en haut, il eût prêté plus d'attention à examiner ce rival timide. Le bruit n'avait pas tardé à se répandre dans Bayeux que tous les dimanches, depuis un certain temps, mademoiselle Le Pelletier touchait l'orgue à la cathédrale ; la nouvelle en parvint jusque dans les bureaux de la sous-préfecture, qui avaient accueilli avec le plus vif intérêt des faits bien moins importants. N'osant plus passer devant la maison des dames Le Pelletier, honteux d'avoir confié son secret au docteur, qu'il fuyait désormais, Jousselin saisit avec empressement l'occasion de revoir Suzanne à l'église. Il arrivait le premier dans la cathédrale, se cachait à un des angles de la place et guettait l'apparition des dames Le Pelletier. Trop heureux d'avoir vu de fort loin Suzanne et sa mère, il rentrait à l'église par la petite porte de la façade du sud, et se blottissait derrière un monument de marbre noir dont les statues avancées le garantissaient des regards des dames quand elles s'offraient de l'eau bénite avant de monter aux orgues.

Les mouvements des dames avaient été

calculés par l'employé avec tant de précision, qu'il savait à une seconde près le temps qu'elles mettraient à traverser la nef ; alors il lui était permis de voir par derrière Suzanne, qui tournait le dos pour monter le petit escalier de pierre des orgues ; mais ces contemplations assidues, cette attente à l'air humide, ce froid pénétrant de l'église, étaient payés par des jouissances sans nombre. Jousselin avait fini par percevoir le bruit des pas de Suzanne sur le plancher des orgues, quoique l'instrument fût situé à une hauteur considérable : du moins l'employé le croyait ; peut-être entendait-il les pas lourds du souffleur à la houppelande marron ! Quand M. Bonnard commençait à souffler et que Suzanne faisait sortir, en appuyant sur la touche, une seule note longue et plaintive qui allait en s'affaiblissant sous les arceaux de la vieille cathédrale, le jeune homme croyait surprendre un soupir angélique répondant aux siens. Il participait ainsi à toutes les mélodies que Suzanne mettait en jeu, suivant sa disposition d'esprit. A la sortie de l'église, des jouissances plus réelles récompensaient l'employé de ses assiduités; perdu dans la foule qui sortait de la messe, il pouvait regarder à loisir, sans se compromettre, la figure de Suzanne, qu'il s'appliquait à mouler dans son cerveau pour s'en repaître à son loisir pendant les heures du bureau.

Le cœur libre, peut-être Suzanne eût-elle été touchée de la profonde affection de l'employé, qui se contentait de miettes de jouissances, mais elle ne pouvait soupçonner qu'au-dessous d'elle était un homme modeste et timide qui l'écoutait avec ravissement ; l'eût-elle su qu'elle n'eût pas puisé dans cet amour la vanité de tant de femmes qui ne sont satisfaites qu'avec un troupeau d'adorateurs à leur suite. Suzanne n'avait aucune coquetterie, on pouvait même pressentir que les années ne lui amèneraient pas ce vice. Il suffisait pour juger la fille de regarder la mère, sur le visage de laquelle nulle passion n'avait laissé son cachet ; le portrait du président, peint par un honnête peintre de Rouen, portait un cachet de vérité qui permet de dire : « Voilà un portrait ressemblant, » sans avoir besoin de connaître le modèle ; par ce portrait, M. Le Pelletier montrait sa vie tout entière, ses habitudes, ses goûts et ses beaux sentiments. Dans les comédies qui se passent avant le mariage, dans les présentations de futurs qui ne se sont jamais vus, dans les entrevues qui n'aboutissent pas, un homme de bon sens, après avoir vu la veuve travaillant dans son petit salon, après avoir regardé le portrait de feu M. Le Pelletier, après avoir respiré l'air de la maison, pouvait dire : « J'accepte votre fille les yeux fermés ; » car les principes physiologiques d'hérédité, quoiqu'ils offrent quelquefois des exceptions bizarres, faisaient forcément de Suzanne la digne fille du président. C'était avant tout une femme *naturelle*, laissant s'échapper ses sensations sans jamais songer à les masquer; aussi l'entrée aux orgues de Cyprien lui causa une telle émotion qu'elle coupa court au répons de sa phrase musicale; quoique tournant le dos à la petite porte de l'orgue, elle reconnut la façon de marcher de Cyprien, et tout son être en fut si ému qu'elle termina par une note cadencée, produite involontairement par le frémissement qui avait gagné jusqu'à ses mains.

Cyprien connut immédiatement l'impression que son entrée avait produite. Suzanne n'employait jamais la cadence aux orgues; d'ailleurs le dos de la jeune fille, ses bras, toute sa personne étaient agités d'un mouvement imperceptible que Suzanne tâchait de maîtriser, mais qui ne pouvait échapper à Cyprien ; lui-même ressentait cette sensation plus faiblement, il est vrai, mais il croyait à une communauté d'impressions qui, aussitôt qu'il les éprouvait, devaient être éprouvées par la jeune fille. Ceux qui aiment sont tous convaincus de ces effets magnétiques inexplicables dont ils se moqueraient, si, étant sains d'esprit, ils en recevaient la confidence de quelque ami. Toute passion amène ses croyances bizarres, l'amour comme l'ambition, comme la folie du jeu; l'homme qui méprise et se rit de ces croyances ne peut être qu'un être terne sans angles, qui n'a jamais vécu. Depuis qu'il connaissait Suzanne, Cyprien se laissait entraîner dans le pays des rêves et des illusions ; plus d'une fois le regard fixe, quoique sans regarder, il suivait mille fantômes gracieux se jouant dans les airs, qui, malgré leur forme vague, rappelaient toujours l'image de Suzanne. En venant à la cathédrale, il avait été escorté de ces chimères que le son de l'orgue mit en fuite pour ramener une non moins dure réalité. Tout ému, il s'inclina devant madame Le Pelletier, fit une courte prière agenouillé, et prit une chaise non loin de Suzanne.

Ils ne se regardaient pas, mais ils se savaient l'un près de l'autre, ils s'associaient à demi-voix aux chants des fidèles, et le son de leur voix les rendait heureux au suprême degré. La messe leur parut courte à l'inverse de l'employé qui, attendant le moment de revoir Suzanne, la trouvait toujours trop longue. Après la cérémonie, Cyprien s'approcha des dames Le Pelletier, présenta les politesses de M. de Boisdhyver, et témoigna du salutaire effet que produisit leur visite aux Garnier. Il avait été les visiter le lendemain à l'hôpital, et les avait trouvés se redisant les consolations de madame Le Pelletier et de sa fille. Suzanne écoutait avidemment l'explication détournée que Cyprien donnait de sa conduite depuis quelques jours. Quoiqu'en présence de la veuve, le jeune homme ne put s'expliquer ouvertement : troublée elle-même, Suzanne n'en remarqua pas moins un certain embarras dans la personne de Cyprien, dont les mouvements semblaient gênés et paralysés par intervalles; il se passait en lui une sorte de combat qui se faisait pressentir surtout à l'altération de la voix ; une émotion non ordinaire gisait dans son regard. Pour sortir de cette situation, il alla lui-même ouvrir la porte, en paraissant donner aux dames le signal du départ. Madame Le Pelletier passa la première, Suzanne la suivit, et Cyprien recommanda à M. Bonnard de fermer exactement la porte d'entrée à double tour, car le sacristain avait remarqué une bande de galopins étudiant de trop près la forme des serrures, pour qu'on ne les soupçonnât pas de vouloir s'introduire dans les galeries hautes de l'église.

Le petit escalier des orgues, en forme de vis, est humide, noir et étroit ; ceux qui le montent ou le descendent tournent sans cesse sur eux-mêmes : les dames Le Pelletier le trouvaient incommode par la nécessité de se courber la tête et d'empêcher leurs habits de frôler contre les murs suintants ; aussi leurs mains étaient-elles employées à saisir l'étoffe de leurs robes pour les garantir du contact de la pierre humide. Il était difficile de descendre l'escalier avec agilité ; une prudente lenteur commandait de ne poser les pieds qu'avec la plus grande précaution sur des marches taillées en triangle allongé, usées vers le milieu, et n'offrant une assiette certaine qu'à l'endroit le plus étroit. Le cœur de Suzanne battait pendant qu'elle descendait cet escalier, qui n'a pas moins d'une centaine de marches ; les combats qu'elle avait livrés en elle-même depuis quelques jours, ses insomnies, la force dont elle s'était crue capable qui s'était brisée comme du verre ; la vue de Cyprien, son embarras, tout lui indiquait qu'aujourd'hui, à cette heure, dans cet escalier, il allait se passer un fait nouveau, inconnu, d'une grande influence sur sa vie. A cet instant de réflexions, il lui sembla qu'un objet étranger se présentait à la hauteur de ses mains, et qu'une voix lui disait : *Prenez*. Inquiète, n'ayant pas l'usage de ses mains ne se rendant pas compte, à cause de l'obscurité de l'escalier, de l'objet, croyant être victime d'une illusion qui prenait le ton affaibli d'une voix, troublée à l'excès, elle fit un faux pas.

— Prends garde, Suzanne, dit madame Le Pelletier, qui connut que le pied de Suzanne avait manqué.

Suzanne tressaillit en entendant cette parole, mais elle eut à peine conscience de cet accident, car elle sentit au même moment glisser dans sa main, quoiqu'elle fût fermée et occupée à amoindrir l'ampleur de sa robe, un pli étroit et allongé qui ne pouvait être qu'une lettre. Son premier mouvement fut de repousser la lettre; cependant elle la garda et la broya pour ainsi dire dans sa main, tant son émotion était grande, tant sa crainte vive. Mille raisons contradictoires se pressèrent dans son cerveau aussitôt qu'elle eut deviné qu'il s'agissait d'une lettre à recevoir secrètement; mais une lumière subite, provenant de la porte d'entrée ouverte par madame Le Pelletier, ne permit pas à Suzanne de prendre un parti décisif! Les yeux baissés, n'osant soutenir les regards de Cyprien, elle reçut ses adieux, et elle ne put remarquer la curiosité des gens qui attendaient tous les dimanches sa sortie, en faisant mille réflexions sur sa beauté et son talent musical.

Combien le chemin lui parut long de l'église à la maison ! Ordinairement les dames La Pelletier faisaient un petit détour, afin de passer chez un boulanger du pays, qui a la réputation d'excellent pâtissier, en cuisant, pour le dimanche seulement, des pâtés de six sous ; c'était le seul élément étranger que la veuve introduisait dans sa cuisine. Le bon marché, la célébration du dimanche, l'honnêteté proverbiale du boulanger, faisaient de ces pâtés peu coûteux une petite variante gastronomique ; mais Suzanne, afin d'arriver plus vite, évita de tourner la rue qui mène chez le pâtissier, et quand sa mère lui en fit l'observation, elle répondit qu'elle n'avait pas faim, qu'il restait de la viande froide de la veille, et d'autres raisons satisfaisantes en apparence. La lettre la brûlait, elle l'avait introduite dans son gant, et elle tenait le poignet tellement ferme, que rien n'eût pu l'en séparer. Elle n'osait parler à sa mère, tant il lui semblait que sa voix était altérée ; elle n'osait regarder madame Le Pelletier, ses yeux pouvaient la dénoncer. Un homme qui ramasse un gros portefeuille tombé des poches d'un agent de change qui va à la Bourse, est moins ému.

En arrivant à la porte, Suzanne tourna si brusquement la clé dans la serrure, qu'elle ne put l'ouvrir d'abord. Madame Le Pelletier sourit de cette vivacité, car elle était habituée depuis quelques jours aux variations de sa fille, et elle n'y voyait rien de particulier. Les mères sont souvent aveugles ! A regarder la démarche de Suzanne dans le corridor, sa disparition subite dans l'escalier, il y avait là un fait significatif en dehors de ses habitudes, qui eût frappé même un étranger. Habituellement en sortant de l'église, les dames ôtaient leurs chapeaux dans le salon, se débarrassaient de leurs châles, de leurs mantelets, de leurs manchons, de leurs gants, Suzanne mettait la table en un clin-d'œil et préparait le déjeûner ; mais ce jour-là elle monta en un clin-d'œil l'escalier, tant elle avait hâte de se débarrasser de la lettre. Arrivée dans sa chambre, elle ne perdit pas de temps et la lut d'un regard, malgré son trouble; sa physionomie changea à diverses reprises, elle respirait à peine, partagée entre l'émotion et la crainte. Son oreille était aux aguets, car elle pensait que madame Le Pelletier pouvait monter. D'abord, elle resta près de sa porte sur le palier, afin de ne pas être surprise, et, pour mieux donner le change, elle marcha rapidement par la chambre qui donnait sur le salon du bas, afin que le bruit de ses pas pût résonner au rez-de-chaussée et tromper la veuve sur ce qui se passait au premier étage.

—Suzanne, est-ce que tu ne vas pas descendre? dit madame Le Pelletier d'en bas.

— Je suis à toi, maman, répondit la

jeune fille, qui fut plus inquiète que jamais, car elle ne savait où cacher la lettre; d'un coup d'œil elle parcourut la chambre et ne trouva point d'endroit assez secret pour l'y déposer.

Madame Le Pelletier n'avait pas l'habitude de troubler l'appartement de Suzanne, mais ceux qui tremblent craignent toujours d'être surpris. Enfin, Suzanne fourra la lettre sous le traversin du lit, et elle se versa de l'eau sur les mains, qu'elle n'essuya point, afin d'avoir un motif pour colorer sa brusque disparition.

—Mon petit accident nerveux est revenu,

dit-elle la figure rouge comme une cerise, j'ai trempé mes mains dans l'eau fraîche.

— Tu aurais pu aller à la cuisine, répondit madame Le Pelletier, l'eau de la citerne est plus fraîche.

— Je n'y avais pas pensé.

Le mensonge dont avait honte Suzanne ne l'inquiétait plus, maintenant qu'elle se sentait aimée; d'ailleurs elle s'y trouvait entraînée comme vers la passion, et elle ne pouvait plus retrouver le chemin de sa candeur; quoique sa curiosité eût été satisfaite, Suzanne aurait voulu remonter à sa chambre. Elle avait lu la lettre et elle ne l'avait pas lue, une impression vague lui était restée seulement de cette lecture, qui l'émotionnait de telle sorte, qu'elle ne se sentait aucun appétit. A peine toucha-t-elle au déjeûner ; elle sentait seulement qu'elle devait feindre de manger, afin de ne pas chagriner sa mère, mais elle ne savait plus se servir de sa fourchette, de son couteau : cette lettre l'obsédait, ne la quittait pas, des caractères d'une écriture chérie lui restaient dans les yeux. Le repas terminé, la table rangée, Suzanne remonta à sa chambre, après avoir prévenu toutefois madame Le Pelletier qu'elle essaierait de s'y reposer un instant. Pour la première fois de sa vie elle tira un petit verrou de cuivre qui eut beaucoup de peine à sortir de sa targette, par le peu d'usage qu'on en faisait et le vert-de-gris qui s'y était amassé. C'était un verrou tiré entre madame Le Pelletier et sa fille; la confiance disparaissait, Suzanne avait besoin maintenant de cacher ses actions comme ses sentiments. Sous le traversin où jusqu'ici la jeune fille avait posé sa tête et ses rêves si purs, était une lettre qui désormais remplirait les nuits d'agitations, de fantômes et d'inquiétudes. Suzanne ne se doutait pas qu'en cachant la lettre dans cet endroit, elle déposait un brasier qui devait enflammer ses nuits. Tout à l'heure elle avait mal lu, craignant d'être surprise, l'oreille aux aguets, debout, trop émue pour comprendre les paroles de Cyprien; cette fois elle s'étendit sur son lit, après avoir tiré les petits rideaux de mousseline de sa fenêtre.

Dans cette lettre, Cyprien témoignait combien il avait été malheureux de ne pouvoir rencontrer Suzanne à l'hôpital; désormais il ne pourrait la voir qu'une fois par semaine, en présence de personnes qui le gênaient. Il suppliait Suzanne de ne pas lui témoigner de rancune pour lui avoir fait accepter cette lettre de force; il espérait même qu'elle voudrait bien en recevoir une nouvelle chaque semaine par la même voie. Puisqu'il ne pouvait parler, il eût été cruel de l'empêcher d'écrire, et il terminait par l'assurance d'une affection éternelle qui se peignait dans chacun de ses mots, quoique simples ; mais on les sentait vrais et convaincus à travers cette timidité qui ouvrait la correspondance. Chaque mot remuait Suzanne, car chaque mot était sincère ; il répondait aux secrètes pensées de la jeune fille. Ce que Cyprien écrivait, Suzanne l'avait pensé ainsi ; il lui paraissait que d'autres mots n'auraient pu répondre à ses propres sentiments.

Suzanne relisait la lettre, l'admirait comme un poëme, l'écriture la charmait comme un beau tableau, et elle se reposa un moment sur son lit, fermant les yeux, croyant entendre la plus douce des symphonies. Elle n'était plus un corps, mais une âme flottant dans l'horizon bleu, et ne rencontrant partout que félicités. De temps en temps elle quittait les nuages pour revenir sur la terre, et ouvrait à moitié ses yeux ; elle dirigeait son regard vers la lettre, afin de s'assurer qu'elle n'était pas le jouet d'un rêve heureux. Après avoir savouré longuement tout son bonheur, elle descendit auprès de madame Le Pelletier, et désormais elle reprit sa vie ordinaire, en aspirant la venue du dimanche comme le prisonnier aspire après la liberté.

Dans sa seconde lettre, Cyprien demandait une réponse, et Suzanne lui répondit simplement, sans songer qu'elle se compromettait. Madame Le Pelletier n'avait jamais songé à prévenir sa fille et à lui donner cette dangereuse éducation parisienne qui enseigne tout aux jeunes filles, qui règle leur conduite en matière de correspondance, qui fait d'une lettre plus qu'une faute, et qui dispose les femmes à ruser dès leur adolescence. La veuve soumettait Suzanne à l'éducation qu'elle avait reçue : élevée par une mère pieuse et indulgente, madame Le Pelletier était devenue pieuse et indulgente. Dépeindre le vice à une jeune fille pure, c'est lui donner la tentation d'approfondir ce vice, c'est troubler sa candeur, c'est la pousser à des analyses dangereuses : tel était le système de madame Le Pelletier, qui, étant arrivée au mariage sans troubles, croyait que sa fille aborderait aux mêmes rives sans tempêtes. Les séductions sont rares dans la province; à peine entend-on parler d'une jeune fille ouvrière en dentelles trompée par son amant, que sa grossesse empêche de se montrer dans la ville; mais ces faits ne pénétraient jamais chez madame Le Pelletier, qui n'ouvrait pas sa porte aux bavardages de petite ville. Aussi, Suzanne, chaste comme une enfant, se laissa entraîner par la passion sans qu'aucun conseil pût la retenir. Des rougeurs subites, un embarras qu'elle cachait avec peine l'avertissaient seulement qu'elle ne devait pas tromper sa mère; mais elle craignait maintenant de voir rompre le charme qui emplissait sa vie et lui fournissait chaque jour de douces impressions.

Ne plus voir Cyprien, ne plus recevoir

de ses lettres, ne plus lui répondre, eût été pour Suzanne une amertume désolante, des chagrins dont elle n'osait envisager la force. Elle était entrée dans une nouvelle vie et se sentait comme passée dans un autre corps ; si elle eût ouvert un livre traitant de la métempsychose, elle y eût cru naïvement tant chaque jour pointaient de nouvelles sensations et de nouvelles aspirations. Tout ce qui l'entourait prenait une physionomie autre que par le passé ; ses sens s'étaient décuplés en délicatesse, elle voyait, elle sentait, elle entendait, elle touchait, elle respirait avec délices. Tout dans la nature lui parlait de Cyprien, les arbres, les fleurs, les plantes ; Cyprien était partout avec elle, elle le portait en elle ; les oiseaux qui la réveillaient le matin, en secouant leurs ailes dans les grands arbres du jardin, disaient le nom de Cyprien ; le courant de vent qui traversait ses cheveux, quand elle descendait au jardin, avait traversé les cheveux de Cyprien ; en écoutant le tintement des cloches, elle se disait qu'à cette heure Cyprien les entendait aussi. Maintenant, elle comparait à Cyprien les hommes qui passaient dans la rue ; si elle se mettait à travailler, elle se demandait ce que faisait Cyprien, et sa pensée, traversant les rues, les maisons, les murs, les espaces, allait s'abattre auprès de la pensée de Cyprien, et en revenait bientôt chargée de précieux souvenirs.

Bientôt Cyprien demanda à Suzanne de

recevoir plus souvent de ses lettres : il craignait que madame Le Pelletier ne remarquât cet échange de correspondance ; des événements pourraient survenir qui l'empêcheraient d'aller aux orgues aussi régulièrement que par le passé, et pour la première fois Suzanne devint inquiète en songeant qu'elle pourrait rester sans nouvelles de Cyprien. Ses lettres, elle y tenait plus qu'à la vie ; elle les avait mises par ordre dans un petit coffret à ouvrage qu'elle tenait caché sous son oreiller, et elle prenait plaisir à les entasser comme un avare son or ; c'était pour elle une jouissance sans égale que d'en ajouter une nouvelle aux autres ; chaque soir, après avoir tiré son verrou, elle ne s'endormait qu'après les avoir relues toutes. Sans s'en douter, Cyprien répondait au vœu le plus cher de la jeune fille. Qu'une lettre par semaine était peu de chose! Aussi Suzanne ne fut pas embarrassée de la demande de Cyprien, car depuis quelque temps son esprit s'était appliqué à trouver un moyen plus certain de correspondre; l'eût-elle trouvé qu'elle n'en eût rien dit, mais elle songea aussitôt que la petite porte du jardin donnait sur un terrain vague, peu fréquenté qui entoure la ville. Il était facile de ne pas fermer la porte à clé, tout le pays vivant dans une tranquillité parfaite. Qui empêcherait Cyprien de se rendre le soir derrière la maison, d'entrer dans le jardin, de déposer ses lettres dans un endroit convenable. Le lendemain une réponse serait placée au même endroit et personne ne pourrait se douter de ce commerce, car Suzanne, levée de bonne heure, ayant pour habitude d'aller se rafraîchir à l'air aux premières lueurs de l'aurore, ne pouvait inspirer aucun soupçon à madame Le Pelletier.

C'est ainsi que cette passion faisait des pas de géant de part et d'autre, sans que nulle entrave vint s'y opposer. La conduite de Suzanne n'était pas changée en apparence ; la veuve ne pouvait rien pressentir des troubles secrets de sa fille, qui maintenant passait deux heures tous les soirs, avant de se mettre au lit, à répondre à Cyprien. Bientôt ces correspondances ne suffirent plus à contenter l'avide passion des jeunes gens. Cyprien escaladait un petit mur de l'évêché afin de n'être pas remarqué en allant porter ses lettres à l'endroit désigné. Pourquoi ne rencontrerait-il pas Suzanne au lieu d'une lettre qui l'avait rendu si heureux d'abord, mais qu'il trouvait insuffisante aujourd'hui ? Il l'écrivit à Suzanne; mais alors la jeune fille, au moment de perdre pied, sonda la profondeur du gouffre. Elle eut assez de force encore pour résister, et refusa sous le prétexte qu'il lui était impossible de descendre le soir au jardin sans réveiller sa **mère.**

Pour la première fois elle réfléchit, elle flaira le danger comme les brebis sentent le chemin de l'abattoir ; mais l'amour est un maître aussi cruel que le boucher, il a soin de garrotter les membres de ses victimes et les entraîne là où il veut qu'elles aillent. A cette heure il n'était plus temps de sonder le danger, pas plus que les cris des voyageurs n'arrêtent le choc d'une locomotive qui arrive à toute vapeur : pleurs, gémissements, craintes de l'avenir, regrets du passé, prières, supplications, l'amour ne connaît rien et s'en rit. Des voix amies que Suzanne aurait dû écouter plus tôt lui revenaient alors seulement à la mémoire : le *prends garde, Suzanne,* prononcé par madame Le Pelletier dans le petit escalier des orgues, qui s'appliquait à un accident purement matériel, était écrit en lettres de feu sur les murs de la chambre de Suzanne pendant la nuit. Tout son corps brûlait consumé par une fièvre ; quelquefois elle sentait qu'elle pouvait éteindre cette maladie en allant se jeter dans les bras de sa mère ; depuis qu'elle avait refusé de se rendre au jardin, Suzanne souffrait des douleurs bien plus vives, car à ses tristesses venait se joindre la triste idée d'être séparée de Cyprien, qui avait déclaré dans une dernière lettre qu'il cesserait d'écrire à Suzanne puisqu'elle ne voulait pas le recevoir. En effet, Cyprien fut impitoyable, il laissa Suzanne sans nouvelles protestations, et la pauvre enfant, abandonnée à elle-même, usait ses forces dans des combats intérieurs dont elle sentait l'inutilité. Plus elle luttait, plus elle se sentait terrassée par un adversaire puissant ; elle changeait à vue d'œil, tellement que madame Le Pelletier s'en inquiéta.

Il faudra faire venir M. Richard, dit-elle, ayant interrogé inutilement sa fille.

Ce mot dit le samedi effraya tellement Suzanne, qui craignait le regard profond du docteur, qu'elle n'hésita plus.

— Venez demain à neuf heures, écrivit-elle à Cyprien.

III

Les Fleurs de Passion.

Le docteur Richard n'avait plus entretenu madame Le Pelletier du futur établissement de Suzanne ; lui-même n'était pas satisfait de son choix. Les intéressés, d'ailleurs, gardaient le silence, Jousselin n'osa retourner chez M. Richard qui put croire que la passion de l'employé s'était éteinte aussi facilement qu'elle s'était allumée. Si madame Le Pelletier ne donnait pas suite à l'entretien qu'elle avait eu dans le jardin avec le docteur, c'est que ce sujet la contrariait : ainsi le pensait M. Richard, qui jugea prudent de laisser encore une ou deux années de liberté à la fille de sa amie.

Quoique dans cette partie de la France les unions s'écoulent plus souvent dans la tranquillité que dans le désordre, le docteur par sa position était à même tous les jours de sonder des plaies domestiques vis-à-vis desquelles sa science était en défaut. Un mauvais ménage l'épouvantait, le rendait triste toute la journée, et il ne retrouvait du calme qu'auprès de sa chère *médecine*, qui avait fait de son intérieur une source de consolations et d'affections toujours nouvelles. Le bonheur qu'il trouvait à son foyer lui montrait encore plus amères les discussions dont il venait d'être le témoin ; son esprit ami du bien en souffrait comme ces âmes charitables qui l'hiver, au coin d'un bon feu, se prennent à penser aux tempêtes qui assaillent le voyageur par la neige sur la grande route.

Un événement survint dans la ville qui occupa tous les esprits et particulièrement le docteur Richard. M. du Pouget, à une des dernières soirées de l'évêché, vint lui faire ses adieux ; il était appelé à Paris. Il n'y avait rien dans cette nouvelle qui indiquât un fait particulier ; mais M. du Pouget était profondément ému, ainsi que M. de Boisdhyver ; le docteur crut à une séparation pénible entre ces deux intelligences qui avaient longtemps marché côte à côte dans une égale amitié. Le cercle des prêtres avec lesquels M. de Boisdhyver pouvait communiquer intimement n'était pas si nombreux que l'évêque ne dût regretter M. du Pouget ; lui-même s'était attaché si étroitement à l'évêque qu'une séparation devait amener de nombreux regrets ; il en était ainsi de tous ceux qui approchaient l'éminent prélat.

— Vous nous reviendrez, monsieur du

Pouget? dit le docteur pour rompre le silence attendrissant qui régnait dans le salon.

M. du Pouget fit un signe de découragement et de doute profond ; alors M. Richard pensa combien il était pénible à un prêtre ami de la science d'abandonner ses chers travaux, d'avoir commencé à étudier un pays à fond, de pouvoir jeter de vives lumières sur l'histoire d'une province mal décrite jusqu'alors, plus mal comprise encore ; l'idée germa alors dans l'esprit du docteur combien il lui coûterait d'abandonner tout à coup un malade, quand il était certain de le guérir avec quelques soins de plus ; mais si une force supérieure le forçait tout d'un coup à quitter ce presque convalescent qui devait, aussitôt son départ, se débattre de nouveau dans les angoisses d'une cruelle maladie! Telle fut, avec quelque affaiblissement, l'image de la situation de M. du Pouget, qui se présenta aussitôt à M. Richard, cependant il s'étonnait de la sorte de consternation qui régnait dans ce salon jadis si animé.

M. Richard ne connut que plus tard le chagrin que ce départ causait à M. de Boisdhyver. L'évêque de Bayeux avait deviné sous le langage officiel de l'archevêque de Paris la disgrâce qui atteignait M. du Pouget. Plus que d'autres, les prêtres savent garder leurs émotions et les empêchent de se jouer à la surface de la physionomie mais la perte d'un si beau caractère était si grande, que l'évêque ne songea pas à masquer ses sentiments intérieurs. M. de Boisdhyver, sans connaître justement la cause de la disgrâce de son ami, avait de vagues appréhensions de trahisons : pourtant son esprit n'allait jamais songer au mal ; voué au bien, l'évêque supposait le bien dans tous les cœurs ; en présence de cet ordre de départ si subit, des soupçons s'étaient glissés chez M. de Boisdhyver, et quoiqu'il fît pour les mettre en fuite, ils revenaient planter leur drapeau avec acharnement sur ce terrain, si nouveau pour eux.

La vérité ne se fit que trop connaître.

Aussitôt après son arrivée à Paris, M. du Pouget écrivit à M. de Boisdhyver qu'il eût à se garer d'ennemis puissants dont le pouvoir était d'autant plus grand qu'ils n'agissaient que dans l'ombre. M. du Pouget était la première victime de dénonciations qui avaient trouvé crédit à l'archevêché, accusé d'avoir, dans une réunion publique chez son supérieur, fait à diverses reprises des lectures coupables, profanes, empreintes d'un vif esprit de dénigrements contre l'Eglise, et sa peine devait consister à rester à Paris, afin que sa conduite, ses intentions, ses pensées fussent plus à même d'être observées.

L'idée vint immédiatement à M. du Pouget que la *Légende de l'abbé Chanu* n'avait pas peu contribué à sa disgrâce ; il essaya, mais en vain, d'expliquer la nature des travaux auxquels il se livrait, il fit valoir inutilement son prospectus qui témoignait d'un vif amour pour la religion et d'un grand respect pour l'église, le coup était porté par une main invisible, les explications franches du savant abbé restèrent sans résultat. D'après l'acte d'accusation dressé contre lui, M. du Pouget reconnaissait d'où le coup était parti ; sans nommer le chanoine Berreur, son rival en archéologie, qui s'était élevé maladroitement, à la soirée de l'évêque, contre les tendances voltairiennes de la légende populaire, M. du Pouget pouvait dire hardiment qu'il était victime d'une basse jalousie d'un archéologue ecclésiastique à petites vues; il ne l'écrivit pas à son ancien supérieur, mais il le lui fit entendre afin que dans l'avenir M. de Boisdhyver fût à même de discerner les envieux et les méchants d'entre les bons et sincères serviteurs qui l'entouraient.

Ce fait amena plus d'un souci dans la belle âme de l'évêque, plus d'une inquiétude sur ses traits ouverts. Lui-même s'attendait sinon à une disgrâce, du moins à une réprimande partie de haut; il l'eût portée avec résignation, fort de son innocence, mais il ne se passa rien qui lui prouvât qu'on lui eût fait partager le crime de M. du Pouget. Les admonestations, les monitoires supérieurs n'étaient pas ce qui inquiétait M. de Boisdhyver : froissé par la délation sourde qui atteignait un homme estimable, il se sentait aigri par ces menées ténébreuses d'autant plus frappantes par leur côté mystérieux. Avoir un cœur débordant d'amour et se sentir entouré de petites passions, de mesquines ambitions, de haines rétrécies, c'était pour l'évêque un nouvel état de vie qui ne changea que longtemps après le départ de M. du Pouget.

Ainsi que l'avait présumé le prêtre disgracié, le chanoine Berreur était l'auteur de la dénonciation, mais il agissait comme un simple instrument dans les mains d'un ouvrier habile. Retiré chez les demoiselles

Loche, le fil avait été tenu par M. Ordinaire, qui tissa sa toile avec l'habitude d'une araignée. M. Berreur était un esprit mesquin, sans portée, faisant de l'archéologie une science terre-à-terre, consistant à ramasser des faits mesquins, à courir après des dates inutiles qu'il savait à peine coudre à des lambeaux historiques. Sa grande occupation était de ramasser des notes qui ne devaient jamais prendre corps; cette innocente passion s'emparait de sa vie comme les pieuses silhouettes de M. Aubertin, mais il était possédé de la lâche jalousie des gens qui ne peuvent créer, qui souffrent de leur infériorité et de la supériorité chez les autres.

M. du Pouget réveillait la jalousie du

chanoine Berreur par ses conversations brillantes, qui éclaircissaient comme d'un rayon de soleil les portions les plus obscures de l'histoire du pays ; le précieux butin rapporté à chaque voyage par M. du Pouget éveillait la cupidité du chanoine, chez qui cependant ces petites passions n'étaient que momentanées. A de certains mots, à de certaines situations où M. Ordinaire trouva le chanoine, il jugea l'homme incapable, capable malgré tout de le servir dans la haine qu'il portait à M. Boisdhyver. Les calculs du vicaire-général se trouvèrent justes ; en éloignant M. du Pouget, il causa à l'évêque une peine d'autant plus vive qu'elle était moins attendue.

M. Berreur, par son caractère étroit, se

rapprochait de l'esprit ulcéré de M. Ordinaire, et il servit d'instrument dans la ligue qui se préparait contre M. du Pouget; le vicaire-général n'allait pas aux soirées de l'évêché, mais il y assistait en écouteur attentif dans la personne de M. Berreur, qui ne manquait jamais de lui apporter un récit exact des faits et des gestes des invités et de leur hôte éminent. La présence de M. Richard suffisait pour blesser le vicaire-général, qui, s'attachant au moindre sujet de critique, voulait voir dans le médecin un audacieux ennemi du trône et de l'Eglise.

En province, tout homme dont on soupçonne les aspirations aux libertés publiques passe immédiatement auprès de ses adversaires, pour un sanglant révolutionnaire ; les nuances sont transformées en couleurs tranchées ; d'un libéralisme philosophique modéré qui ne se traduisait par aucun acte apparent, M. Richard fut jugé le digne fils des conventionnels qui eurent à prononcer sur le sort de Louis XVI. Un parent de M. Richard avait été jugé digne par ses concitoyens de les représenter à la convention ; son portrait était accroché dans le salon où le docteur recevait ses clients : il n'en fallait pas davantage pour servir de base à des accusations cherchées avec minutie. M. Richard ne pouvait être incriminé à l'archevêché, mais il n'en parut pas moins comme complice dans le rapport secret dirigé contre M. du Pouget, et qui impliquait également le digne évêque de Bayeux.

C'étaient principalement les demoiselles Loche qui, en insistant sur l'amitié de M. de Boisdhyver et de M. Richard, poussèrent M. Ordinaire à ouvrir les yeux sur le docteur. Les deux vieilles filles avaient pour médecin un homme jaloux des succès de son confrère ; pour contrebalancer la clientèle de M. Richard, il avait pris le moyen le plus simple en province, c'était de se poser en ultra-royaliste. Il est difficile, dans une petite ville, d'exercer une profession même libérale sans se prononcer ouvertement pour ou contre le gouvernement, pour ou contre la religion. S'il y a deux avoués, deux notaires, deux avocats, deux médecins, l'un devient forcément l'adversaire politique de l'autre ; tel étudiant qui sort de Paris après avoir sifflé à l'Odéon, battu les sergents de ville au bal, envoyé des pommes cuites aux professeurs trop zélés défenseurs du gouvernement, peut se trouver le lendemain en descendant de diligence, un défenseur de l'ordre. Il suffit que la corporation dans laquelle il entre soit déjà à son grand complet d'hommes d'opposition ; s'il y a trois avocats libéraux, celui qui, quelques jours avant, était un des plus révolutionnaires de l'école de droit, devient forcément un ultra, sous peine de ne pas réussir. Il n'est guère permis d'être tiède ou indifférent ; la tiédeur, l'indifférence sont des crimes et inspirent tout au moins de la défiance.

Tel était pourtant le cas de M. Richard, qui conservait, par amour de la famille, le portrait du conventionnel, son aïeul, mais qui, tout entier aux devoirs de son art, ne s'inquiétait nullement des tendances avancées ou rétrogrades des partis. La dénomination de *libéral,* une des grosses injures d'alors, qui change de nom à chaque gouvernement nouveau, ne pouvait partir que de la froide salle à manger des demoiselles Loche; car, par son beau caractère, son amour pour l'humanité, son dévoûment pour les malades, le docteur avait su écarter de lui les dénigrements, les sots propos qui sont trop souvent des moyens de conversation dans les petites villes ; mais si l'opinion publique se prononçait en sa faveur, M. Richard ne pouvait apaiser les méchancetés intéressées que son rival attisait dans les rares maisons qui s'ouvraient pour lui.

Chaque lumière produit son ombre; sans les criailleries des demoiselles Loche et d'autres mauvaises langues, M. Richard n'eût pas été un homme complet; mais, ainsi qu'il arrive dans les coteries jalouses, le concert aigre qu'elles produisent ne se manifeste pas à l'extérieur, les glapissements sont au dedans, aigus, étourdissants pour ceux mêmes qui les emploient, et leur nature est tellement antipathique qu'aucun curieux ne s'y arrête. Les acteurs semblent jouer pour eux seuls ces drames de vipère, et ils sont condamnés pour leur juste punition à en devenir les spectateurs.

Si la réputation de M. Richard eût été plus tranchée, M. de Boisdhyver n'eût pu le recevoir dans son hôtel épiscopal, la haute position qu'occupe un évêque dans son diocèse lui dictant une conduite pleine de prudence et de dignité. En arrivant à Bayeux, M. de Boisdhyver, après avoir vu tous les fonctionnaires importants de la ville, les avoir étudiés avec cette connaissance profonde de l'homme qu'ont tous les prêtres, recueillit les divers jugements, le bruit public, et, certain de s'être mis d'accord avec l'opinion, il put ouvrir son hôtel à un certain nombre de personnes dont il était sûr comme de lui-même.

Malgré cet esprit de conduite, M. de Boisdhyver, ainsi qu'il en arriva en cette occasion, prêta le flanc aux dénonciations de M. Ordinaire; les enquêtes pour accabler un accusé sont toujours faciles, ce sont les enquêtes pour prouver l'innocence qui se font difficilement. M. Ordinaire avait supposé que la dénonciation contre M. du Pouget amènerait quelque envoyé de l'archevêché, soit pour réprimander M. de Boisdhyver, soit pour dresser un rapport exact de l'état des esprits au palais épiscopal; nécessairement, des informations lui seraient demandées, il montrerait sans difficultés les rapports qui existaient entre l'évêque et le médecin ; les demoiselles Loche entendues et d'autres familles dévouées au vicaire-général déposeraient des tendances anarchiques du docteur, d'où un blâme sévère pour M. de Boisdhyver et peut-être une défaveur marquée.

M. Ordinaire s'endormait sur ses beaux rêves, il ne s'endormait même pas ; l'envie, l'ambition, la jalousie sont de méchants oreillers pour la tête, malheureusement pleine de ces passions. Ce sont des assoupissements inquiets, brûlants, des sommeils sans repos, des agitations fiévreuses, des réveils pesants, des yeux fatigués rougis par les rêves, des pâleurs morbides qui font du corps un cadavre agité, et qui montrent l'homme à son réveil châtié de ses mauvaises pensées.

S'il était donné à un esprit attentif d'épier à chaque instant un homme dont les pensées sont coupables, la vérité le forcerait à déclarer que toutes les bassesses de l'âme sont unies sur la terre, qu'un enfer intérieur brûle celui qui a la conscience d'une mauvaise action. M. Ordinaire était puni dans son sommeil de son ambition et des moyens détournés dont il l'étayait ; il ne connaissait plus depuis longtemps le repos, le calme, la fraîcheur, qui rendent la souplesse aux membres fatigués, qui font du réveil une joie paisible. Le réveil lui était amer, car ses pensées le remplissaient d'un souffle malsain ; son ambition tuait son repos. Malgré l'habileté de sa trame, le vicaire-général ne trouva pas dans la disgrâce de M. du Pouget la satisfaction qu'il se promettait. M. de Boisdhyver ne paraissait pas sous le coup d'un blâme sévère, il continuait à recevoir le docteur Richard dans son intimité; mais il arriva un événement nouveau qui, six mois après, plongea le vicaire-général dans une inquiétude nouvelle.

Madame Périchon ne pouvait se consoler de n'être point admise dans l'intimité de M. Ordinaire, et surtout de se voir consignée à la porte des demoiselles Loche ; depuis un an elle parvenait à peine à oublier la circonstance qui avait amené une extrême froideur de la part des hôtesses du vicaire-général. L'influence des vieilles demoiselles était tellement proverbiale dans le petit monde où elles vivaient, que, malgré leur abord aigre et désagréable, elles trouvaient encore des courtisans, trop heureux d'être honorés du salut sec qu'elles accordaient avec une extrême discrétion. Peu communicatives, sortant peu, ne rendant pas de visites, les demoiselles Loche tiraient une certaine puissance de leur éloignement de la société ; la fréquentation du vicaire-général et des chanoines de la maison contribuaient également à leur donner un vernis particulier. Ainsi qu'il arrive fréquemment, les deux sœurs étaient recherchées pour leur maussaderie et leur isolement ; on ne leur eût fait aucune avance si elles avaient manifesté le désir de se répandre dans la société de Bayeux, au contraire on eût craint leur profil anguleux, leurs façons de vivre mesquines, leur amour de l'économie poussée jusqu'à l'avarice ; il se trouvait tout d'un coup que ces défauts devenaient des qualités, rien que par leur entourage. Les vieilles filles ne recevaient que des prêtres et ne voulaient admettre aucun invité dans leur salon qui, n'étant connu de personne, était envié de tout le monde. Cette vie mystérieuse occupait les esprits désœuvrés, on parlait dans Bayeux des fameuses *soirées* des demoiselles Loche comme d'un bal à la cour ; quelques mots surpris à M. Commendeur semblaient annoncer des divertissements tout particuliers, qui, au fond, consistaient en camomille, dont était reconnaissant l'estomac fatigué du chanoine. Après toute sorte d'essais, de drogues, de réflexions intérieures, de lourdes indigestions, M. Commendeur était arrivé à une infusion de camomille qui l'avait rendu le serviteur le plus dévoué de M. Ordinaire. Grâce au vicaire-général, une tasse de camomille fut préparée chaque soir au chanoine mal digérant ; il était curieux de le voir buvant cette tisane verte et aspirant son fumet avec l'écarquillement des narines d'un pique-assiette qui flaire des truffes à la porte d'un marchand de comestibles.

La camomille devint pour M. Commendeur la plus belle des fleurs, la boisson la plus exquise, une panacée à tous les maux, un préservatif contre la vieillesse, un retour à la jeunesse. Les demoiselles Loche le poussaient dans cette extase, toute jeune, l'aînée ayant été tirée, suivant son récit, d'une maladie mortelle par une simple immersion de camomille sur tout le corps, et bien certainement madame Loche la mère, qui était arrivée à l'âge heureux de quatre-vingt-dix-huit ans, dut cette existence prolongée à l'usage habituel de cette tisane. Chaque soir la tasse de camomille amenait son anecdote médicale et le mot de camomille revenait si souvent dans la conversation, que M. Aubertin, quoique plongé perpétuellement dans ses silhouettes religieuses, s'écria un soir avec ravissement qu'il venait de terminer un portrait de sainte Camomille. Il voulait dire sainte Pétronille. Partout ailleurs cette distraction eût amené le sourire sur des lèvres mondaines, mais comme le doux chanoine s'excusait du fourchement de la langue, M. Commendeur, dans son enthousiasme, prétendit qu'eu égard à ses qualités, la plante avait bien le droit d'entrer dans le calendrier : Méprisant ces sortes de discours qui se répétaient tous les jours, M. Ordinaire se promenait ordinairement dans le salon, essayant de fatiguer son ambition afin de reposer plus tranquillement la nuit.

De temps en temps, M. Berreur faisai

une courte apparition chez les demoiselles Loche, mais il n'apportait pas avec lui des éléments de conversation d'un extrême divertissement; quand par malheur il avait trouvé une date qu'il cherchait depuis longtemps, il n'avait qu'un chiffre en tête, et s'imaginait que chacun s'y intéressait; les deux sœurs n'ayant aucune science, trouvaient M. Berreur mortellement ennuyeux et le toléraient seulement à cause de M. Ordinaire; elles lui préféraient de beaucoup le chanoine Commendeur, qui, avec ses monologues sur la camomille, était compris plus facilement. Le doux M. Aubertin inspirait aux demoiselles le respect et la curiosité que les ignorants ont pour les arts.

Telles étaient les soirées habituelles de

la maison Loche, qui inspiraient une si vive curiosité dans Bayeux. Quoique madame Périchon en eût tâté en pénétrant, un an auparavant, dans un coin de la vie des deux sœurs, l'illusion produite par la présence du vicaire-général dans la maison lui montrait des soirées éblouissantes. Elle rêvait quelquefois aux conversations spirituelles qui devaient s'échapper de la bouche des prêtres et qui lui rendaient les paroles de son mari intolérables. Combien elle s'affligeait maintenant de s'être fait, par son indiscrétion, une ennemie des demoiselles Loche, qui ne daignaient pas la saluer, détournant la tête quand elles se rencontraient à l'église. Plus habile, M. Ordinaire saluait madame Périchon, mais en homme qui ne veut pas entamer de conversation, et sa figure sévère causait à la curieuse bourgeoise une contrition perpétuelle. Le hasard voulut qu'elle allât à Paris pour des affaires d'intérêts ; la mère de son mari, madame Périchon-Cloquet, mercière dans la rue des Canettes, venait de mourir, et le peu qu'elle laissait exigeait la présence des époux.

En circulant dans les alentours de la place Saint-Sulpice, madame Périchon remarqua un jour à l'étalage d'un marchand d'estampes de la rue du Pot-de-Fer certains coloriages qui attirèrent son attention. Ce quartier démoli était jadis exclusivement consacré à la vente d'objets de dévotion ; l'œil n'y était pas froissé par la vue de su-

jets profanes ; le personnel nombreux de
l'église, du séminaire, des maisons d'éducation, des couvents de la rue de Vaugi-
rard, entraînait naturellement les mar-
chands dans cette voie. Une affiche jaune
placardée aux carreaux de la montre indiquait que le marchand d'estampes avait
imaginé nouvellement de jolies gravures
en taille douce qui portaient le titre de
Fleurs de passion, de *Ruches de piété*, de
Violettes d'adoration, etc. Le succès était
alors à ces fleurs coloriées, découpées avec
un grand soin, dont les pétales en relief
s'ouvraient pour laisser admirer au cœur
de la fleur des sujets tirés de l'histoire
sainte. Ainsi, l'une de ces gravures représentait un lis entouré de quinze petites
roses ; sous le lis était gravé le crucifie-

ment. Chacune des petites roses pouvait s'ouvrir et dévoiler les principales phases de la Passion. Cet art, le croira-t-on, était issu d'un art profane et plus que profane. La lithographie, alors à son début, avait propagé des sujets badins destinés à flatter l'esprit des personnes aimant les surprises. Une estampe populaire était celle qui représentait un gros bourgeois rentrant à sa maison et frappant à sa porte. La légende portait : « *Ma femme va être bien étonnée de me voir rentrer si tôt.* » D'abord, on pouvait trouver l'esprit de ce dessin assez insignifiant, mais par le rapport de deux lithographies collées l'une sur l'autre, il était permis d'ouvrir la porte, de pénétrer dans un boudoir et d'assister à la scène suivante. Un élégant d'alors, avec habit à manches en gigot, agenouillé aux pieds d'une beauté portant des cheveux en *coques*, se permettait d'attacher une jarretière un peu au-dessus d'une jambe de femme trop arrondie; la dame assise sur un sofa mettait un doigt devant sa bouche et disait à l'audacieux : *Serez-vous discret?* Tout n'est que compensation en ce monde, comme l'a démontré un philosophe dont le système a été plus lu sur le dos du livre qu'au dedans; le succès de ces lithographies à surprises avait donné naissance à un art pieux, destiné à remplacer le fastidieux égrénement des rosaires. Le prospectus ne cachait pas son but; il accusait le chapelet d'amener la routine, la distraction, l'ennui, et d'enlever ainsi à l'âme le fruit de pieuses méditations. La gravure fine, le coloriage soigné, la vue de ces estampes cachées sous des fleurs, devaient, au contraire, porter les esprits à un doux recueillement : une instruction imprimée était jointe aux estampes qui indiquait aux acheteurs la marche à suivre ; en entr'ouvrant la première rose, on devait réciter le *Credo* ; le *Pater* se disait en abaissant la seconde rose ; les trois roses suivantes commandaient trois *Ave Maria*. De dizaine en dizaine, on récitait le *Gloria* et le *Pater*. L'ingénieux inventeur de ces estampes avait prévu toutes les objections ; quoiqu'il voulût remplacer l'usage des chapelets et miner les commerces des merceries pieuses des alentours, il terminait en invitant les personnes trop attachées au chapelet et qui ne pouvaient s'en passer, à se fournir malgré tout de ces petites images, bonnes à consulter en souvenir des Mystères de la Passion.

Madame Périchon fut tentée à la vue de ces estampes ; une fois entrée dans le magasin, elle ne put en sortir qu'avec une douzaine de ces fleurs emblématiques, quoique le prix lui en parût fort élevé, et elle revint à Bayeux enchantée de son acquisition. Le catholicisme a dépensé beaucoup d'imagination dans l'invention des ornements des livres de prières ; gauffrages, découpures, dentelures, ont depuis longtemps servi d'encadrement aux tailles-douces enfermées dans les livres de messe; mais les *Fleurs de passion,* par leur coquetterie de coloriage, dépassaient de loin les plus sublimes inventions de l'imagerie pieuse, et madame Périchon rayonnait de plaisir en songeant à ces curiosités qu'elle rapportait de Paris. Elle recueillit en effet le triomphe que ces images nouvelles méritaient, et ce ne fut guère qu'après un mois, consacré à s'en rassasier la vue, qu'elle en fit cadeau d'une à son confesseur. Le prêtre admira ces jolis sujets, les montra à diverses personnes, et, connaissant le goût de M. Aubertin pour les arts, lui indiqua madame Périchon comme l'heureux possesseur de ces chefs-d'œuvre. Pour la première fois de sa vie, M. Aubertin sentit une pointe de jalousie s'éveiller en lui ; ses silhouettes noires étaient de bien piètres objets en regard des images nouvelles de la rue du Pot-de-Fer; il était assez *connaisseur* pour le sentir. Quoiqu'il eût intérêt à cacher l'objet de son tourment, il parla des estampes aux demoiselles Loche avec un véritable enthousiasme.

La première fois, on n'y prit pas garde; mais il y revint le lendemain, le surlendemain, l'esprit frappé de ces nouveautés, et son enthousiasme s'accroissant de plus belle. En allant aux sources, on trouva que madame Périchon attirait tout Bayeux par la curiosité qu'inspiraient les *Fleurs de passion*, et les demoiselles Loche furent égratignées à leur tour par les griffes de la jalousie. Il leur fallait de ces estampes; mais madame Périchon ne voulait en céder à personne : le commerce de Bayeux n'avait pas soupçon de ces merveilles, et grâce à elles, madame Périchon jouissait maintenant des hommages et des visites de la meilleure société.

— Si vous n'étiez pas fâchées avec madame Périchon, dit aux sœurs le vicaire-général, il serait facile de voir ces images de sainteté.

Les vieilles demoiselles éclatèrent en reproches contre la bourgeoisie. Ces acrimonies montraient la tentation qui les tenait; sans rien dire, M. Ordinaire fit une visite à madame Périchon, se garda de parler des gravures, et fit des ouvertures sur une réconciliation possible avec les demoiselles Loche; le vicaire dépensa beaucoup de diplomatie en cette affaire, quoiqu'il regrettât de la faire servir à des intérêts si minimes ; le résultat fut que les deux vieilles filles consentirent à recevoir une fois la semaine madame Périchon, et qu'une apparente amitié s'établit entre ces dames.

IV

L'observatoire.

La maison de madame Le Pelletier tient à celle de madame Périchon ; toutes deux furent construites par un même architecte, qui renversa le proverbe en faisant de deux coups une pierre, c'est-à-dire qu'il inventa peu et bâtit l'une sur le patron de l'autre ; cependant, la maison Périchon est plus étroite, et les appartements n'ont pas cette forme carrée qu'on trouve dans le salon de la veuve du président ; toutes deux donnent par derrière sur des terrains vagues appartenant à la commune. Les propriétaires apportèrent quelques modifications dans l'intérêt de leurs aises ; le jardin de madame Périchon, pour ne pas paraître trop allongé, fut précédé d'une cour pavée et séparée de cette cour par un treillage en lattes entrecroisées. On remarque tout d'abord au milieu du jardin une montagne verte qu'on appelle pompeusement le Labyrinthe : c'est un chemin pratiqué dans deux tombereaux de terre, et qui n'offre que trois enroulements dans sa longueur.

Est-ce un enthousiaste de la nature qui a voulu jouir de cette hauteur d'un admirable point de vue? Question impénétrable quand, du haut de ce labyrinthe, on n'aperçoit que les quatre murs du jardin. A dix pas plus loin, une pente plus rapide mène à une sorte de plate-forme adossée dans un des angles du mur; cet endroit est désigné sous le nom de Belvéder; mais, quoique décoré d'un titre trop ambitieux, le belvéder est plus utile que le labyrinthe : il permet de plonger dans les habitations voisines, et particulièrement dans le jardin de madame Le Pelletier, séparé seulement de la maison Périchon par un mur mitoyen. Des noisetiers, plantés vingt ans auparavant par la veuve du président, protégent cependant contre les regards trop curieux ; mais madame Périchon n'avait jamais tiré de bénéfice de son observatoire, quoiqu'elle y passât à l'ombre les chaudes après-midi de l'été. La vie des dames Le Pelletier était trop calme pour prêter matière à la curiosité ; elles ne se promenaient pas de la journée dans le jardin, préférant la tranquille fraîcheur du petit salon ; il fallut un hasard pour démontrer l'utilité du belvéder.

Madame Périchon s'aperçut un soir, en rangeant son argenterie, qu'il lui manquait une petite cuiller à café en argent ; le trouble s'empara d'elle, elle crut d'abord à une bande de voleurs organisée, soupçonna ensuite sa femme de ménage, à qui elle donnait trois francs par mois pour faire le lit et relaver la vaisselle; enfin, elle était dans un émoi extraordinaire tel qu'elle alla réveiller son mari, qui s'endormait régulièrement à huit heures.

— Monsieur Périchon, il me manque de l'argenterie!

— Hein! répondit le mari, qui entr'ouvrit les yeux et les referma aussitôt.

Indignée de cette nonchalance, madame Périchon secoua rudement son mari.

— Tu vas te lever tout de suite !

— Laisse-moi dormir tranquille.

— Je te dis qu'on nous a volé notre argenterie !

Elle dit ces paroles d'un ton si aigu, et en s'approchant si près de l'oreille du dormeur, qu'il crut entendre sonner une des trompettes du jugement dernier.

— L'argenterie ? s'écria-t-il en ouvrant des yeux immenses.

— Oui, l'argenterie.

— Comment! on nous a pris notre argenterie? dit-il assis sur son lit, atterré par cette nouvelle.

— Certainement, l'argenterie, a disparu.

— Où est-elle donc l'argenterie? dit le mari sentant les gouttes de sueur s'accumuler sur son front.

— Est-ce que je viendrais te le demander, si je savais où elle est, l'argenterie.

M. Périchon frappa ses mains l'une contre l'autre en prenant le ciel à témoin que l'argenterie avait disparu de la maison.

L'argenterie restera une des dernières traditions de la province ; elle est l'unique rêve d'une femme de ménage, elle représente la vie bourgeoise mieux que tout autre symbole, elle dit au juste la fortune d'une famille comme soixante ans auparavant un pain de sucre placé comme pièce capitale au dessert, démontrait la réelle somptuosité du festin. Qu'une alerte arrive, qu'une panique s'empare des esprits, que la nouvelle soit répandue d'une révolution à Paris, on court à l'argenterie pour la mettre en lieu sûr. Il se trouve même des curieux qui peuvent dire de combien de pièces se compose le service d'argenterie de chaque famille ; le poids plutôt que la forme joue un grand rôle dans ces appréciations. M. Périchon commençait à claquer des dents en pensant que la grande cueiller à potage dite la *louche,* les trois couverts un peu légers qui provenaient de la succession recueillie récemment à Paris, les douze couverts massifs formant la partie la plus respectable du trésor, les six petites cuillers en vermeil à café manquaient dans l'armoire.

— Allons, lève-toi ! quand tu trembleras... nous n'avons pas de temps à perdre.

M. Périchon suivit sa femme, non sans regarder de côté et d'autre si les voleurs n'étaient pas encore dans la maison. Les époux arrivèrent à l'armoire aux provisions; madame Périchon monta sur une chaise afin d'atteindre le troisième rayon, où se juchait le panier d'osier à compartiments qui contenait la précieuse argenterie.

— Tu vois qu'il en manque.

— Combien en manque-t-il?

— Une cuiller à café.

— Est-il possible, s'écria M. Périchon, de me réveiller ainsi, de me donner de pareilles suées pour une cuiller à café.

— Vraiment, à t'entendre, on dirait que tu peux en fondre à volonté, comme à la Monnaie.

— Tu sais bien que cela n'est pas, dit gravement M. Périchon ; non, je ne suis pas fondeur à la Monnaie ; je le voudrais que cela ne se pourrait pas, d'ailleurs les fondeurs de la Monnaie n'emportent pas de l'argenterie à discrétion, le gouvernement serait dans de beaux draps... Tu devrais savoir qu'on ne fait que contrôler à la Monnaie...

— Est-ce que tu vas finir de parler inutilement ?

— Je voulais te montrer que tu te trompais, demain, tu peux aller vendre ton argenterie à M. Maillart...

— Vendre mon argenterie, pourquoi ?

— Tu ne me laisses pas achever ; M. M

lart, qui n'est pas de la Monnaie, peut la fondre, cette argenterie, quand il te l'aura payée.

Madame Périchon furetait par la chambre et témoignait son impaitence des discours de son mari.

— Mais il devra la faire contrôler de nouveau.

— Je sais cela aussi bien que toi, dit-elle ; tu m'impatientes.

— Tu dis que tu le sais, cependant...

— Voyons, veux-tu m'aider à chercher notre vermeil ?

— Demain matin, j'ai envie de me recoucher.

— Vilain lâche !

— Il ne manque qu'une cuiller ?

— Oui.

— Veux-tu que je te dise où elle est ?

— Tu le sais donc?

— Je ne sais rien, mais je raisonne, et tu ne raisonnes pas, toi.

— Où est-elle, cette cuiller, enfin?

— Combien y a-t-il là de tasses à café?

— Cinq, dit madame Périchon.

— Eh bien! la sixième cuiller de vermeil est avec la sixième tasse. Si la sixième tasse n'est pas à la cuisine, c'est que tu l'auras laissée sur la table du belvéder, cet après-midi.

— Ah ! je n'y pensais plus !

— Voilà bien les femmes ! s'écria M. Périchon en se recouchant et méditant sur la faiblesse du raisonnement du beau sexe.

Madame Périchon allait de temps en temps prendre du café sur la terrasse du belvéder, et elle avait oublié ce fait, tant la perte d'une pièce de son argenterie lui troubla les idées ; aussi, plus légère qu'une

biche, elle traversa son jardin une lanterne
à la main, tant elle avait hâte de rentrer
en possession de sa cuiller de vermeil ;
elle n'eût pas dormi de la nuit en pensant
que la plus petite partie de son argenterie
était exposée en plein air. L'ordre, cette
religion provinciale, voulait que les couverts fussent couchés ensemble au grand
complet dans le panier d'osier, sur le troisième rayon du garde-manger fermé à clé.
Avec quelle joie elle retrouva sa cuiller,
ainsi que l'avait présagé M. Périchon.
D'un saut elle monta au belvéder, et il lui
était maintenant permis de descendre plus
posément, lorsqu'une voix partie du jardin
de madame Le Pelletier frappa son oreille.
Tout était silence aux alentours; la nuit
sombre permettait à peine aux étoiles de

se montrer. D'abord la bourgeoise tressaillit, car ses nerfs étaient encore en jeu par suite de son émotion ; mais une voix de femme qui répondit tranquillisa madame Périchon et lui fit prêter une attention à ce qui se passait chez sa voisine. Quoique madame Périchon ne fréquentât pas les dames Le Pelletier, elle avait entendu assez souvent Suzanne chanter dans le jardin ou parler à sa mère pour reconnaître sa voix ! d'ailleurs qui pouvait à cette heure se trouver dans le jardin sinon Suzanne? C'était la soirée aux événements et madame Périchon s'y trouvait merveilleusement préparée; cependant, craignant d'avoir troublé, par son arrivée brusque et subite, les personnes qui causaient, la bourgeoise resta un moment immobile et son premier mouvement fut de souffler sa lanterne. Les voix s'étaient tues momentanément, mais elles recommencèrent à se faire entendre peu d'instants après ; par malheur elles n'arrivaient qu'indistinctement au belvéder : c'étaient des assonances plutôt que des paroles que recueillait madame Périchon, des sons doux, voilés et caressants, mélange de voix jeunes, tendres, dont l'une était celle d'un jeune homme, l'autre d'une jeune fille. Il était présumable que les personnes cachées se tenaient au pied du mur sous les noisetiers ; madame Périchon monta sur le banc du belvéder et se pencha sur le mur pour recueillir quelques paroles, mais elles n'arrivaient que mystérieusement musicales. Il résulta de cette découverte qu'on parlait à voix basse dans le jardin voisin ; cependant, le gravier grinça tout à coup, des pas légers se firent entendre, les voix se perdirent, une porte fut ouverte, fermée après quelques minutes, et madame Périchon se trouva embarrassée dans ses observations, car de nouveaux pas se faisaient entendre dans le jardin, tandis que d'autres pas plus accentués longeaient le belvéder, du côté des terrains communaux. La bourgeoise était restée près d'une heure et demie en observation ; elle ne recueillit rien que des inductions, mais il y avait de quoi troubler son sommeil autant que la perte de la cuiller de vermeil.

Tout d'abord la pensée de madame Périchon rejeta l'idée que Suzanne était la jeune fille du jardin, car, en admettant sa présence à pareille heure, les conséquences à en tirer ne pouvaient être que désavantageuses à la fille de madame Le Pelletier. La bourgeoise n'était pas une méchante femme, l'idée du mal ne se présentait pas immédiatement à son esprit, et elle essaya d'innocenter Suzanne en supposant qu'une servante, comme il arrive souvent, recevait un galant nuitamment. Mais la veuve n'avait pas de servante, les soupçons ne pouvaient atteindre que sa fille. Il vint ensuite à l'idée de madame Périchon que Suzanne pouvait être fiancée à quelqu'un de la ville, et que peut-être la mère laissait les jeunes s'entretenir solitaires au jardin; il n'était guère plus de dix heures quand madame Périchon entendit du bruit dans le jardin voisin, c'était encore une heure convenable et permise. Cependant on l'aurait su dans la ville, les préoccupations matrimoniales étant un des faits qui occupent le plus les esprits en province, où il arrive souvent qu'on unit dans la conversation l'un à l'autre des jeunes gens qui ne se sont jamais vus ni parlé. Ces réflexions tinrent madame Périchon en éveil une partie de la nuit; elle désirait ardemment de revoir le jour pour sortir dans la ville et s'informer adroitement des nouveaux projets de mariage qui circulaient sous le manteau.

La maison où l'on marie le plus de

monde à Bayeux est un atelier de couturières qui, par leur profession, sont au fait les premières de nouvelles fraîches ; les préparatifs de robes de noces se font longtemps à l'avance, et quoique la maîtresse couturière jure de garder le plus grand secret, elle ne peut pas le tenir plus de cinq minutes, tracassée par les commentaires de ses ouvrières. A midi, les ouvrières sortent pour déjeûner, si le secret a été promis, le matin, deux heures après il est connu de toute la ville : il y a tant de personnes ayant affaire aux parents des époux, notaires, tailleurs, modistes, chapeliers, amis des deux sexes, qu'il est impossible de connaître le premier qui a mis le mariage à découvert; n'y eût-il pas de base au mariage, que les gens à nouvelles le créent longtemps à l'avance afin de paraître toujours les mieux renseignés.

Une femme inoccupée se réveille un matin la curiosité à sec, aucun événement n'est arrivé depuis un certain temps dans la ville, la police correctionnelle ne fournit aucun fait intéressant, il ne se donne plus de bals au printemps, on n'a pas de détails sur de grands dîners d'apparat, les administrations publiques n'offrent pas de mutations importantes, les prédicateurs sont connus, pas le plus petit scandale de robe ou d'épée, que la vie est amère ! Il se passe alors dans l'esprit de cette curieuse provinciale, qui s'ennuie à mourir, des enfantements pareils à ceux d'un poète qui rêve à une œuvre importante. Il s'agit de créer, puisque les faits se taisent et que la réalité est monotone. Entre les divers motifs de créations vieilles comme le monde, rajeunissant sans cesse, colportées toujours avec un égal succès, le mariage est celui qui ouvre le plus de champ à la conversation : deux personnes sont mises en jeu, un homme et une femme, deux fortunes à sonder, deux caractères à étudier, des pronostics philosophiques et sociaux sont l'essence même de la question; la malignité trouve un gros butin à dévorer, c'est une mine précieuse à exploiter pendant une quinzaine de jours, des commérages sans fin, des visites par toute la ville, le créateur est largement récompensé de ses efforts. Qui marierai-je ? se demande la femme qui cherche une distraction. A cette question, toutes les jeunes filles de dix-huit à vingt-cinq ans défilent devant ses yeux, les jeunes gens de vingt-cinq à trente-trois ; il ne s'agit que d'inventer un mariage de convenance qui offre chances de crédulité dans la ville, et c'est là que les fortes imaginations provinciales se distinguent. Si une jeune fille commence à courir après la trentaine et qu'elle paraisse difficile à établir par suite de divers refus successifs de sa part, et dans le commerce, et dans le barreau, et dans la magistrature, et dans l'administration, on lui trouve un inconnu. C'est alors que l'imagination peut s'étendre à son aise à décrire ce jeune inconnu, arrivant nécessairement de Paris, beau comme une statue antique, riche à millions, et portant des lunettes d'or, en sa qualité de conseiller d'État (le conseil d'État est peut-être l'institution la plus respectée des gens de Bayeux). On charge l'inconnu de titres, de décorations ; on le peint habillé par le meilleur tailleur du Palais-Royal ; c'est ainsi qu'une jeune fille qui ne veut pas se marier, se trouve accolée au bras d'un inconnu fantastique pour aller à l'église.

Madame Périchon n'excellait pas dans ces sortes de créations, mais elle les admirait, s'y laissait prendre sans cesse, et, n'ayant rien à faire, s'en inquiétait par dessus tout. Cette fois, il s'agissait de faits plus positifs ; les entretiens nocturnes qu'elle avait surpris la firent lever à sept heures du matin, s'habiller en dix minutes, de telle sorte qu'à huit heures elle était chez sa couturière, fort étonnée de voir arriver une cliente aussitôt. Après une longue discussion sur les coupes nouvelles de robes dont madame Périchon n'avait nullement besoin, la conversation fut placée habilement par la curieuse bourgeoise sur le terrain du mariage ; mais, par extraordinaire, la couturière n'en voyait aucun : par là, madame Périchon put s'assurer que Suzanne n'était fiancée à personne. Elle n'en dit mot, mais elle passa une partie de la journée à rendre visite aux personnes les mieux informées de la ville, espérant découvrir une lueur pour l'éclairer sur ce mystère. Nulle part, il ne fut question de l'intérieur des dames Le Pelletier, qui vivaient trop retraitées pour donner pâture aux bruits de petite ville. Madame Périchon revint chez elle toute pensive, embarrassée d'un secret possédé par elle seule et qui commençait déjà à lui peser. Si elle l'eut osé, elle se serait présentée chez ses voisines afin d'étudier la physionomie de Suzanne et de trouver dans ses traits la confirmation de la nuit passée ; mais il n'y avait aucune concordance de caractère ni de manières entre la veuve du président et madame Périchon, non pas que l'antipathie perçât chez les dames Le Pelletier à l'égard de leur voisine, mais il y avait manque de sympathie tout au moins, et il était impossible d'en être blessé, les habitudes solitaires de la veuve étant tolérées et respectées.

Le hasard servit madame Périchon à souhait; comme elle allait rentrer, Suzanne sortit de chez la mercière, où elle venait d'acheter du fil, et elle traversa la rue de telle sorte qu'elle rencontra madame Périchon et ne put se dispenser de la saluer. La candeur et la pureté régnaient sur les traits de la jeune fille qui, par cette simple rencontre, fit tomber les soupçons de la voisine. Ce n'est pas elle, pensa la bourgeoise, subissant la beauté de Suzanne, cette beauté tranquille qui rend heureux le voyageur traversant une petite ville morte de province. Ne suffit-il pas d'en-

trevoir, à la fenêtre d'un premier étage,
le regard curieux d'une enfant charmante,
pour qu'aussitôt la petite ville, si ennuyeuse
d'abord, se change en un endroit délicieux, exempt des passions fiévreuses de la
capitale? Suzanne était cet idéal que le
voyageur entrevoit une seconde et qu'il ne
revoit jamais. Madame Périchon fut sous
le coup du charme, car la bourgeoise n'é-
tait ni envieuse ni coquette, et la vue de
Suzanne loin de l'ancrer dans les réflexions
de la nuit, lui rappela son heureux temps
de jeune fille, époque à laquelle elle ne
songeait guère à épouser un yérichon. Une
nouvelle réflexion lui vint cependant; s'il
s'agissait d'un rendez-vous, il ne devait
être ni le premier ni le dernier ; grâce au
belvéder, il serait facile d'observer plus

attentivement les personnes qui se rencontraient dans le jardin d'à côté. C'est ce que fit le même soir la bourgeoise qui, aussitôt la tombée de la nuit, alla se poster sur la butte de terre qu'on aurait pu juger inutile jusqu'alors et qui devenait un trésor pour des oreilles curieuses.

M. Périchon, se couchant tous les soirs à huit heures, ne s'inquiétait pas de ce que faisait sa femme, et il était facile de lui cacher ce secret. Quoiqu'elle fût embarrassée d'avoir découvert un mystère, madame Périchon n'était pas mécontente de pouvoir le suivre dans ses développements et d'en être seule maîtresse. Comment elle ferait pour s'en décharger plus tard, elle n'y songeait pas encore et laissait les événements courir, sauf à les grouper ensuite et à en former une belle gerbe. Le temps paraissait long sur cette terrasse ; rien n'indiquait dans la maison des dames Le Pelletier, où toute lumière était éteinte qu'un drame quelconque pût sortir d'un endroit si tranquille. Madame Périchon commençait à croire qu'elle avait été, la veille, le jouet d'une illusion, qu'elle avait cru entendre des voix sans que la réalité y eût part, lorsqu'un bruit sourd pareil à celui d'une porte qui se ferme avec précaution fit ouvrir les yeux de la bourgeoise : un pas faisait grincer les pavés des allées. A son rapprochement et à son éloignement, madame Périchon comprit que quelqu'un faisait le tour du jardin ; jamais aucun spectacle n'ispira plus de curiosité à la bourgeoise que la démarche mystérieuse de la personne qui venait d'entrer par la petite porte et que malheureusement la nuit empêchait de reconnaître. C'était comme un personnage de prologue venant annoncer aux spectateurs les merveilles du drame qui va se jouer. En effet, un instant après une forme blanche apparut au devant de l'inconnu, et une promenade souvent interrompue commença, au grand regret de madame Périchon : elle n'avait, pour ainsi dire, que le spectacle de deux ombres s'entretenant à voix basse, échappant sans cesse à sa curiosité.

En cette situation, madame Périchon regrettait de n'être pas homme, afin de descendre dans le jardin de madame Le Pelletier et de se cacher derrière le feuillage des noisetiers : là elle eût pu saisir quelques phrases, quelques lambeaux de cette conversation montée au diapason de la nuit. Madame Périchon tira moins de plaisir de ses nouvelles observations que de celles de la veille, car les premières avaient saisi davantage son imagination par le côté imprévu. La soirée se termina trop vite pour la curieuse, qui attendit impatiemment un jour de lune. La lune vint seule au rendez-vous et n'éclaira que la nuit. Il était à présumer qu'elle chassait les amoureux par sa clarté. Que faire en cette situation? De son observatoire, madame Périchon n'observait rien ; elle se décida alors à s'ouvrir à son mari. M. Périchon saisit tout d'abord la question du côté qui était défavorable à son repos; c'est-à-dire qu'il ne pourrait plus aller se coucher à huit heures du soir. Il traita sa femme de chimérique, de visionnaire, lui reprocha de s'occuper de ce qui ne la regardait pas, et donna toutes les raisons possibles pour ne pas accompagner la bourgeoise au belvéder. D'ailleurs, puisque malgré de longues observations elle n'avait rien pu découvrir, il devait nécessairement, n'étant pas aiguillonné par le même zèle, veiller inutilement. Il n'apportait pas, comme {sa femme, une curiosité attentive, et il était certain que ses yeux, fermés d'habitude à huit heures précises, seraient d'une médiocrité absolue pour plonger dans les ténèbres, à travers le feuillage des noisetiers.

Madame Périchon insista tellement que, pour obtenir la paix, le mari consentit à l'accompagner au belvéder ; mais pendant une huitaine de jours, la lune se montra dans tout son éclat, et les observations demeurèrent infructueuses. M. Périchon accusait sa femme de s'être rempli la cervelle de fantômes, et déplorait le temps qu'il passait hors de son lit ; mais la bourgeoise, piquée par la mauvaise humeur de son mari, ne cessait de l'entretenir de ce sujet, afin d'allumer en lui une flamme de curiosité égale à la sienne. Elle voulait lui donner des preuves matérielles de ce qu'il appelait des visions ; comme ses observations nocturnes manquaient, elle essaya de les remplacer par des observations diurnes. Elle se disait, non sans raison, que les personnes qui se donnaient rendez-vous dans le jardin de madame Le Pelletier, devaient être contrariées par l'éclat de cette lune malicieuse, et qu'elles essaieraient de se dédommager sans doute en se rencontrant le jour.

Au premier étage de la maison Périchon, on trouve encore de ces miroirs se faisant face, qui, placés obliquement, permettent de s'assurer de la nature de ceux qui frappent à la porte. Cet ancien usage provincial avait aussi un but de récréation : en plaçant les miroirs à angle droit avec la muraille, au lieu de leur faire réfléchir le dessous de la porte cochère, on apercevait, comme dans un tableau, la rue tout entière avec les incidents qui s'y passent. Tout en travaillant près de la fenêtre, et sans trop se distraire de son ouvrage, il est permis de jeter un coup d'œil sur le miroir et d'y voir décalqués fidèlement la rue, les maisons qui font face, les allants et venants, le mouvement des boutiques qui sont d'une vive curiosité toujours nouvelles, enfermés dans un petit cadre. Sans se montrer à la fenêtre, sans interrompre son travail, sans se faire remarquer des voisins, madame Périchon restait quelquefois des après-midi entières devant ses miroirs, sortout depuis qu'elle soupçonnait Suzanne. Elle espérait que l'inconnu, tourmenté de voir ses rendez-vous rendus impossibles par la lune, passerait dans la rue et se démasquerait par l'insistance de ses regards lancés à mademoiselle Le Pelletier ; mais les miroirs restèrent muets et ne réfléchirent aucun passant qui pût être soupçonné de s'introduire nuitamment dans le jardin de la veuve.

M. Périchon avait repris son sommeil accoutumé et s'applaudissait intérieurement de la curiosité éteinte de sa femme, car depuis quelques jours elle ne lui parlait plus de l'événement. Cependant un soir :

— J'espère, lui dit-elle, que tu ne vas pas te coucher aujourd'hui.

Certainement, si on eût demandé au bourgeois de peindre une furie, il eût choisi en ce coment sa femme pour modèle. Cette parole lui indiquait que son supplice allait recommencer.

— Il fait un temps couvert, dit madame Périchon.

— Oui, je le sens à mes yeux, le temps est lourd.

— Je te prouverai au belvéder que j'ai raison.

— Oh ! s'écria M. Périchon d'un ton suppliant.

— Il n'y a pas de oh ! tu viendras.

Tout en prenant par un geste le ciel à témoin qu'il ne voulait pas tremper dans cet événement, M. Périchon suivit sa femme, et il reconnut en effet que deux ombres se promenaient dans le jardin voisin ; il entendit des sons indistincts ; mais, ainsi que sa femme, il ne put tirer de conclusions de cette aventure. Après une heure d'écoutes sournoises qui n'aboutissaient à aucun résultat, les époux rentrèrent se coucher ; ce fut le lendemain matin seulement que madame Périchon eut une idée neuve, qui était sortie du fumier des observations précédentes.

— J'ai remarqué, dit-elle, que le jeune homme arrive tous les soirs à la même heure et qu'il s'en va aussi régulièrement; nous le tenons.

— Comment?

— Tu te tiendras vers les neuf heures moins un quart dans la ruelle du Coq, par où le jeune homme débusque, alors tu pourras le reconnaître ; mais ce n'est pas tout.

— Ce n'est pas tout? s'écria M. Périchon.

— Non ; si par hasard il se cachait la figure de façon à te tromper, tu attendrais sa sortie, caché derrrière un arbre, tu le suivrais et tu verrais bien où il demeure.

— Vraiment, à t'entendre, on croirait que tu ne tiens pas à la vie, ce que tu demandes là est très dangereux, il y a un mystère et les jeunes gens ne sont pas toujours faciles; si j'étais vu, Dieu sait ce qui pourrait m'arriver.

— Tu ne seras pas vu ou tu seras un maladroit.

— Ecoute, dit le mari, si je reconnais le jeune homme, jure-moi qu'à partir de ce moment je ne serai plus rien dans l'affaire, et que tu me laisseras me coucher tranquillement, comme d'habitude.

— Certainement, une fois que je connaîtrai le jeune homme, je n'ai plus à venir au belvéder.

Le lendemain, M. Périchon était à son poste sur les terrains communaux qui bordent les propriétés bourgeoises ; une ruelle y communique qui rentre dans la ville ; il était facile, sans avoir l'air d'un espion, de paraître se promener hors la ville et d'y rentrer juste au moment où le jeune homme déboucherait pour se rendre à la porte du jardin de madame Le Pelletier. La ruelle est étroite et sonore, les moindres pas y retentissent ; M. Périchon, l'oreille aux aguets, ne pouvait manquer de reconnaître le moment précis où l'inconnu tournerait l'angle de la ruelle ; c'est ce qui arriva. Aussitôt M. Périchon, au comble de la joie, rentra chez lui.

— Ma femme, s'écria-t-il, je l'ai bien reconnu, c'est M. Jousselin.

V

La fuite.

Dès-lors M. Périchon put croire sa femme satisfaite d'avoir percé le mystère; mais il se trompait, la bourgeoise ne savait comment porter ce secret : si son mari eût été homme à discuter longuement sur les relations de Suzanne et de Jousselin, s'il en eût tiré des conséquences, s'il eût blamé ou approuvé la conduite des jeunes gens, le secret fût peut-être resté dans le ménage et eût servi de thème de conversation pendant le dîner ; mais M. Périchon, être assez nul, ne s'intéressait pas à ces sortes de propos : à la manière dont il écoutait les commentaires de sa femme, elle vit qu'il les subissait plutôt qu'il ne les écoutait.

Ce fut chez les demoiselles Loche que madame Périchon alla se dégorger ; elle débuta d'abord par un mariage entre l'employé et mademoiselle Le Pelletier, union à laquelle la soirée porta une médiocre attention. Le futur était d'une condition trop obscure pour occuper les esprits; il rentrait tout à fait dans la série des petits employés. Qu'est-ce pour allumer la curiosité qu'un nouveau ménage roulant sur un fonds de quinze cents à deux mille francs, nécessairement tenu à une stricte économie, vivant en dehors du monde de Bayeux, et n'attirant les regards par aucuns de ces retentissements que provoquait ordinairement toute union nouvelle? M. Ordinaire, très informé des tenant et aboutissant de chaque personne de la ville, regardait madame Le Pelletier comme une ennemie, uniquement parce qu'elle avait conquis l'affection de M. Boisdhyver.

L'accident de la Fête-Dieu avait montré

combien l'évêque s'intéressait aux deux dames, le soin avec lequel il faisait prendre de leurs nouvelles, la visite qu'il rendit à la veuve pendant la convalescence de Suzanne, suffisaient à l'irascible grand-vicaire pour regarder la mère et la fille d'un mauvais œil. Il ne pouvait aller contre la charité de madame Le Pelletier, dont tout le monde parlait dans la ville, mais il contestait par un sourire dédaigneux la réputation de beauté de Suzanne; les demoiselles Loche évitaient de parler de ces dames, avec l'instinct qu'ont les femmes de deviner ce qui froisse l'homme qu'elles aiment.

M. Ordinaire ne voulait point, par le plus

petit mot, concourir à la réputation de bonté des dames Le Pelletier, et les vieilles filles elles-mêmes n'étaient pas fâchées de se taire devant cette réputation consacrée, difficile à entamer. Aussi madame Périchon, qui avait traversé la ville d'un pas rapide pour porter plus tôt la nouvelle, fut-elle piquée du peu d'attention qu'on prêtait à *son* mariage.

Madame Périchon, blessée de la froideur qui accueillait ses paroles, ne comprit pas cette sorte de conspiration du silence qui s'attachait au nom de mademoiselle Le Pelletier. C'est ainsi que la bourgeoise, n'ayant pas un fond méchant, alla dans ses propos beaucoup plus loin qu'elle ne le voulait.

Elle agit comme ces cuisiniers qui se servent de piment pour réveiller le palais blasé d'un viveur. Madame Périchon se dit que sa nouvelle n'était pas assez assaisonnée pour la maison Loche, et elle dépensa en prodigue les observations qu'elle avait accumulées depuis une quinzaine à son belvéder.

Maintenant elle triomphait comme ces orateurs habiles qui, par la science de la paroles, savent trouver le joint des cœurs les mieux fermés, les ouvrent avec de grandes difficultés, et sont récompensés en voyant les figures s'intéresser, s'attendrir et interrompre par des murmures flatteurs. Sans y mettre un art profond,

sans poser son récit d'une manière neuve,
madame Périchon connut qu'elle impressionnait ses écouteurs à la manière dont
ils la regardaient, avec des oreilles attentives, des yeux brillants, des bouches pincées qui semblaient dire : « Encore! encore! allez toujours ! »

Les faits, quand on les a bien observés,
après leur entassement intérieur, savent
se présenter dans une sorte de logique
naturelle, toujours intéressante par cela
même qu'ils appartiennent au domaine de
la réalité. Un causeur brillant de salon,
s'emparant de la donnée de madame Périchon, en eût tiré un parti plus profitable;
il eût tenu toute une soirée à raconter cette

histoire en l'ornant et l'enrichissant de mille détails, les uns réels, les autres imaginés, ceux-ci prouvés, ceux-là probables, Madame Périchon dit les entrevues de Suzanne et de l'employé telles qu'elle avait pu les observer ; elle n'inventa pas, ignorante dans l'emploi difficile de l'alliage du faux et du vrai, et sans briller elle intéressa vivement l'assemblée, à tel point que M. Ordinaire abandonna ses courses à travers le salon pour mieux entendre : le tricot tomba des mains de mademoiselle Loche l'aînée et M. Commendeur, plongé dans la béatitude de la camomille, quoiqu'il eût l'habitude de sommeiller après le repas, écouta avidement la nouvelle.

Madame Périchon trouva dans la maison

Loche les fameux commentaires que l'esprit apathique de son mari lui refusait : ces commentaires, aiguisés au choc de la conversation de deux vieilles filles et d'un prêtre intolérant, firent entrevoir à la bourgeoise jusqu'où pouvaient aller ses propos. L'idée naturelle du mariage, qui s'était offerte à son esprit, fut rejetée unanimement, on décida qu'il y avait séduction pour le moins, et que M. Jousselin était un débauché de la pire espèce, par la raison même qu'il semblait un jeune homme doux, de mœurs tranquilles.

En un clin d'œil, la réputation de Suzanne fut brisée comme une ardoise tombant du clocher, et la vie retirée de madame Le Pelletier en reçut un rude échec. Était-il nécessaire de vivre à l'écart, de paraître veiller constamment sur une jeune fille, de ne pas la quitter, pour qu'au premier jour elle fît un faux pas ? La société de Bayeux serait bien vengée de l'espèce de dédain que manifestait la veuve pour les plaisirs mondains, moins dangereux certainement que des rendez-vous nocturnes avec un jeune homme dans un jardin. Tous les griefs accumulés depuis longtemps par le vicaire-général contre madame Le Pelletier se firent jour, et apparurent teintés de ce fiel qui semblait remplir les veines de M. Ordinaire.

Madame Périchon se repentit en secret

d'avoir fourni la joie où venaient se teindre en couleurs si amères les actions de Suzanne ; elle essaya de lutter un moment en montrant un mariage probable entre la jeune fille et l'employé ; mais elle trouvait un accusateur habile à présenter les faits qui résumait sa déposition par une séduction certaine : les demoiselle Loche appuyaient l'opinion de M. Ordinaire. La soirée se passa de la sorte, cruelle pour madame Périchon, effrayée des suites de sa confidence et cherchant inutilement les moyens de la reprendre. Elle allait devenir un des principaux acteurs du drame ; les preuves que chacun demanderait seraient tirées de ses observations au belvéder. Elle subirait les reproches de son mari qui avait pour ainsi dire pressenti le danger de cette curiosité ; madame Le Pelletier, sa voisine, serait en droit de venir lui demander des explications, et elle craignait la rencontre de cette femme recommandable, justement irritée. Demander le secret aux demoiselles Loche, il n'y fallait pas penser. A la joie de la maison, à la vive impatience qu'avait excité sa narration, à de certains mots menaçant l'opinion future de la ville, madame Périchon comprenait que son secret allait circuler comme s'il eût été annoncé à son de caisse aux quatre coins de Bayeux. Elle rentra chez elle, honteuse, courbée sous le poids de remords trop tard venus, et toute la nuit elle chercha un moyen de donner le change à la malignité qui allait planer sur la maison Le Pelletier.

Le peu d'invention de madame Périchon fut qu'elle s'en tint à l'annonce du mariage de Suzanne et de l'employé. Dès le lendemain matin elle courut chez ses connaissances et donna cette union comme certaine. A l'entendre tout était réglé : les bans seraient publiés prochainement, et sous huit jours *on verrait Suzanne dans la boîte*. C'est une façon de parler qui est l'argument le plus solide en faveur d'un mariage. On dit qu'une personne est dans la boîte, à cause de la déclaration de mariage affichée à la porte de la mairie, dans un petit cadre de bois, protégée par un treillage de fil de fer. Cette boîte est plus intéressante à regarder qu'un tableau de Raphaël, les bourgeois désœuvrés ayant l'habitude d'aller chaque jour voir « ce qui se trouve dans la boîte. »

Le but de madame Périchon, en faisant circuler la nouvelle, était de prévoir celle qui ne pouvait tarder de sortir de la maison Loche : une fois que le mariage de Suzanne aurait beaucoup couru, frappé un grand nombre d'oreilles, et s'être assis dans la partie discutante de la population, l'effet de la séduction, quoique devant activer plus vivement la curiosité, serait cependant modéré, facile à présenter sous un jour moins défavorable. Madame Périchon eut soin d'annoncer que le futur était admis à faire sa cour, qu'il venait souvent dans la journée chez madame Le Pelletier, et quelquefois même dans la soirée. Elle ajouta que de son belvéder elle avait vu les deux jeunes gens se promener dans le jardin, qu'ils paraissent se convenir et que certainement ils feraient un excellent ménage.

La nouvelle circula avec une telle rapidité que le docteur Richard l'apprit avec surprise de la bouche d'un malade ; l'homme que le docteur soignait était à toute extrémité, il ne parlait plus à sa famille qui l'entourait, et on pouvait le supposer livré aux idées mélancoliques que l'approche de la mort inspire. Cependant il se releva légèrement à l'approche de son médecin, et d'une voix sans force :

— Monsieur Richard, dit-il, est-il vrai que mademoiselle Le Pelletier épouse M. Jousselin.

Le médecin connaissait assez ses compatriotes pour savoir quel intérêt ils prenaient à un mariage ; mais il n'avait pas encore entendu de telles dernières paroles d'un mourant. Cette simple question le fit beaucoup plus réfléchir que ces épais volumes de philosophie que l'*âme* a inspirés. Après avoir assuré son malade qu'il était fâché de ne pas lui donner de réponse positive sur ce sujet, M. Richard continua sa tournée, non sans un certain sentiment pénible, tiré de ce que madame Le Pelletier, lors de sa dernière visite, ne l'eût pas prévenu de cette union. Lui, le plus ancien ami de la famille, lui qui avait reçu les confidences de Jousselin, qui en avait fait part à la veuve, qui cherchait depuis si longtemps un établissement convenable pour Suzanne, il était mis de côté quand il s'agissait d'une conclusion conforme à ses vœux les plus chers. Tout en accusant maᴸᵉ Le Pelletier d'ingratitude, le docteur ne se rendait pas compte qu'il prenait le chemin de la maison de la veuve, non pas que la curiosité l'y poussât, mais plutôt le désir de connaître pourquoi ce mariage lui avait été célé.

Suzanne vint ouvrir ; à sa vue le docteur fut frappé du singulier changement qui s'était opéré dans les traits de la jeune fille. Elle avait perdu sa riche carnation; ses yeux vifs baissés, ses traits légèrement tirés, une physionomie embarrassée donnèrent à penser à M. Richard qu'il s'était passé quelque fait extraordinaire depuis une quinzaine de jours.

— Et la santé, mon enfant? dit-il en prenant la main de Suzanne, qui contenait une certaine tiédeur maladive.

— Je me porte très bien, monsieur Richard.

— Il y a quelque chose, pensa le docteur en traversant le corridor.

Madame Le Pelletier était dans le petit salon, où elle reçut le médecin avec son affabilité accoutumée. M. Richard s'était promis de prendre une physionomie froide en allant rendre visite à la veuve ; mais le calme qui régnait sur ses traits, la bonté de sa voix, l'affection attachée à ses paroles quand elle demanda des nouvelles de madame Richard, firent que le docteur jugea immédiatement qu'il avait été victime d'une fausse nouvelle. Cependant Suzanne était changée et sa mère semblait ne pas s'en apercevoir. L'habitude de rester toute la journée ensemble faisait sans doute que madame Le Pelletier n'avait pas remarqué la nouvelle physionomie de sa fille. D'ailleurs Suzanne, toujours belle, laissait peu de prise aux regards du docteur ; il semblait qu'elle ne permît pas de lire dans ses yeux.

M. Richard bâtit un raisonnement trop rapide pour être vrai, mais qui donna satisfaction à ses doutes : peut-être madame Le Pelletier avait-elle parlé mariage à Suzanne, et il était résulté entre la mère et la fille quelques légers dissentiments propres à effrayer Suzanne, à la faire réfléchir, à charger sa physionomie d'inquiétudes. De là venaient sans doute quelques nuits sans sommeil, quelques fatigues, et cette tiédeur de la peau remarquée par M. Richard.

Pendant sa visite, le docteur tourna au-

tour de la question matrimoniale, lança
divers mots qui ne furent pas compris, et,
à la tranquillité de madame Le Pelletier,
M. Richard jugea qu'il s'était trompé. Le
jeune homme, pensa-t-il en s'en retour-
nant, aura pris quelqu'un de ses camarades pour confident, il aura peint son amour
pour Suzanne, le bruit s'en sera répandu
dans la ville. L'induction était d'autant
plus probable que M. Richard n'avait pas
revu l'employé, et qu'il lui semblait impossible qu'une flamme si vive fût éteinte
si subitement. Il y avait, il est vrai, plus
d'un an que M. Jousselin était entré dans
le cabinet du docteur ; un an est bien long
pour un amoureux rebuté, mais l'homme
qui aimait toujours Suzanne la figure ra-
vagée par le feu ne devait pas oublier si

vite. Aussi, le lendemain, M. Richard fut-il moins surpris quand il entendit parler de l'anecdote scandaleuse qui commençait à circuler sur le compte de Suzanne. Les demoiselles Loche avaient donné, et leur moyen de combat puissant détruisait tout à fait les mesquines munitions de madame Périchon. Qu'était-ce que la nouvelle d'un mariage en présence de ces rendez-vous nocturnes entre Suzanne et l'employé? Ce que la bourgeoise avait prévu arrivait : sa curiosité donnait naissance à de méchants propos qu'elle ne pouvait pas plus arrêter qu'un tireur d'arc sa flèche quand elle est lancée.

Ce fut à une soirée chez le receveur

que le docteur connut la fatale nouvelle, à une heure déjà assez avancée de la nuit, car il serait allé immédiatement chez madame Le Pelletier la prévenir des bruits qui ternissaient la réputation de sa fille. M. Richard prit hautement le parti de Suzanne, et déclara qu'il s'agissait d'une énorme calomnie : s'il eût appris la nouvelle de la bouche d'un homme, peut-être le docteur lui eût-il demandé raison, tant il avait d'amitié pour la veuve ; mais le bruit était parti d'un coin où les dames se chuchottaient à l'oreille les nouvelles les plus nouvelles de Bayeux.

L'honnête indignation du docteur, le respect qu'il inspirait, firent taire les personnes présentes; mais M. Richard savait par expérience combien la malignité publique s'empare des moindres faits, les dénature et les grossit. D'où pouvait partir cette nouvelle? Où prenait-elle racine? C'est ce que le docteur jugea impossible à connaître. Pour se disculper, les dames présentes à la soirée nommèrent les personnes qui leur avaient confié la nouvelle. Certainement, la calomie venait d'ailleurs, et il était douteux de remonter à sa source.

Ce fut une nuit agitée que passa M. Richard au sortir de cette soirée. L'écho ne parle que quand on l'appelle. Par moment, le docteur se laissait prendre aux dangereux filets de la calomnie ; il se disait que peut-être ces bruits de salon avaient un fondement, que Suzanne était coupable d'une légèreté. La physionomie embarrassée de la jeune fille, sa pâleur, cette légère fièvre qu'il avait remarquée la veille ne semblaient-elles pas condamner Suzanne ? Alors le docteur, repassant dans sa mémoire l'entretien avec l'employé, ne doutait pas que malgré sa timidité le jeune homme ne s'était fait remarquer à force d'assiduité, qu'il avait pu tromper la surveillance de madame Le Pelletier.

S'il avait fait jour, le docteur aurait couru chez la veuve lui donner à peu près connaissance des propos de la ville, et l'amener à conclure un mariage, seule barrière possible à opposer à des calomnies difficiles à éteindre. M. Richard avait pour Suzanne une affection toute paternelle ; il promit au lit de mort du président de veiller sur sa fille et de le remplacer dans les circonstances difficiles de la vie. En ce moment, le docteur se reprochait d'avoir presque manqué à son serment ; il n'était pas allé souvent chez madame Le Pelletier, à cause de ses devoirs de médecin : il aurait dû s'apercevoir plus tôt du changement qui s'était opéré en Suzanne. Mais comment supposer une intrigue chez une jeune fille pure, qui semblait avoir recueilli le chaste héritage de sa patronne. Le docteur se promenait à grands pas dans son cabinet, ouvrait la porte pour aller réveiller sa femme, et revenait tristement, respectant le repos de sa compagne. Madame Richard visitait souvent les dames Le Pelletier, comment n'avait-elle pas soupçonné le danger?

Des multitudes de raisonnements se pressaient dans le cerveau du docteur et ne pouvaient trouver leur solution que le lendemain : le plus matin possible le docteur irait chez la veuve, parlerait à Suzanne avant que sa mère fût levée ; maintenant, le soupçon entré dans l'esprit de M. Richard, il était impossible que le moindre fait échappât à son œil de médecin. Vers les quatre heures du matin, M. Richard se jeta sur un lit de repos, placé dans un coin de son cabinet, et il ne fut tiré de son assoupissement que par un coup de sonnette impétueux qui le fit sauter immédiatement à bas de son lit, où il s'était couché tout habillé. Le docteur courut à sa pendule qui indiquait huit heures ; les agitations de la nuit avaient prolongé le sommeil inquiet du médecin qui maudissait sa paresse, car la nature du coup de sonnette indiquait assez qu'on venait le chercher pour une maladie grave. Il allait donc être forcé de courir auprès d'un malade quand des intérêts graves l'appelaient auprès de Suzanne.

Un bruit de voix se fit entendre dans l'antichambre, et madame Le Pelletier entra.

— Ma fille ! ma pauvre enfant ! Suzanne ! s'écria-t-elle en fondant en larmes.

— Qu'avez-vous, ma chère amie ? dit le docteur qui pensa que la mère venait d'avoir connaissance des bruits de la ville.

— Oh ! je n'y survivrai pas.

— Madame Le Pelletier, calmez-vous, je vous en prie, dit le docteur inquiet de l'immense douleur de la veuve.

— Si vous saviez...

— Je ne le sais que trop, malheureusement.

— Vous l'avez vue, vous savez où elle est... dites donc... parlez vite... où?... ici...

Le docteur regardait fixement madame Le Pelletier, cherchant si le coup porté par la nouvelle n'avait pas en même temps attaqué ses facultés, car il ne comprenait pas ces questions entrecoupées qui prenaient un accent étrange.

— Mais parlez donc, méchant homme,

puisque vous le savez, parlez donc, vous me faites mourir.

Le docteur hésita et se recueillit avant de rapporter dans leur cruelle exactitude les bruits qui circulaient la veille chez le receveur.

— Mon Dieu, s'écriait madame Le Pelletier en se tordant les mains, que lui est-il arrivé, que vous cherchiez à me le cacher? Elle n'est pas malade?... mais rassurez-moi.

— Pourquoi serait-elle malade, demanda

M. Richard en essayant de répondre par des paroles ambiguës.

— Je n'ai plus ma tête, disait la veuve, et d'un mot vous pourriez me calmer, cruel homme ; où est-elle ?

— Suzanne ? s'écria M. Richard, en qui la lumière se faisait.

— Oui, je vous le demande à genoux, ne me le cachez pas plus longtemps, où est ma fille ?

— Suzanne n'est pas chez vous ? dit le docteur.

— Mais, non... partie... sauvée... cette nuit... vous le savez bien.

M. Richard, anéanti par cette nouvelle, fit un geste douloureux qui montrait son ignorance. A son tour, la veuve le regarda dans les yeux, et semblait vouloir pénétrer jusqu'au fond de son cœur. Elle s'approcha très près de lui.

— Donnez-moi votre parole que vous ne connaissiez pas les projets de Suzanne.

— Oh! madame Le Pelletier, dit M. Richard en lui prenant les mains.

Alors, le dernier espoir qui luisait encore vint à s'éteindre, et la veuve tomba sur un fauteuil, prise d'une de ces folles douleurs maternelles qui éclatent en cris, en sanglots, en gestes désespérés, devant lesquels l'amitié, les consolations se trouvent impuissantes. Les sanglots montaient à la gorge de la pauvre mère et se pressaient les uns sur les autres comme des vagues menaçantes : on les voyait pour ainsi dire prendre naissance dans la poitrine qu'ils soulevaient par intervalles rapprochés. M. Richard souffrait d'autant plus de ce chagrin qu'il ne pouvait apaiser, et il espérait que la force même de la douleur l'anéantirait plus vivement.

Il fallait que le coup porté à madame Le

Pelletier eût été subit, car elle ne s'était pas habillée : un simple peignoir du matin mal attaché lui servait de robe, elle était sortie en bonnet; jamais M. Richard ne lui avait vu une aussi simple toilette ; même quand les dames allaient au marché, elles portaient un chapeau de paille. Le docteur se demandait s'il ne ferait pas bien de prévenir madame Richard ; dans les circonstances douloureuses de la vie, les femmes s'entendent mieux à partager un chagrin, elles pleurent ensemble et savent trouver mille délicatesses de sentiment qui endorment quelquefois momentanément la douleur sans l'atténuer ; mais madame Le Pelletier se leva rapidement, les yeux secs, les cheveux pendants.

— Je m'en vais, dit-elle d'un ton résolu.

— Où voulez-vous aller, ma chère amie?

— Je n'en sais rien... chercher mon enfant... Il faut que je la trouve aujourd'hui, ce matin même, tout de suite.

— Vous ne pouvez sortir ainsi, mon amie; regardez-vous, dit le docteur en conduisant la veuve devant une glace.

— J'en deviendrai folle, si je n'ai pas de ses nouvelles.

— Mais comment cela est-il arrivé?

— Que sais-je, mon Dieu ! Ce matin un pressentiment s'est emparé de moi... J'étais réveillée plus tôt que d'habitude... Je ne sais pourquoi la maison me semblait plus calme, trop calme... Ah !...

Elle poussa de profonds soupirs.

— J'étais si heureuse le matin d'entendre Suzanne ouvrir sa porte, descendre, aller de côté et d'autre dans la cuisine, préparer mon déjeûner : tous ces petits bruits de ménage faisaient mon bonheur, ils disaient l'activité, la jeunesse, la bonté de Suzanne... Et je ne les entendrai plus... La cruelle enfant m'a porté un coup là, dit-elle en posant sa main sur la poitrine; il me semble qu'il est mort, mon cœur... Quand, à six heures, je n'ai entendu aucun mouvement dans la maison, mon cœur a attu d'une force comme si on voulait briser une porte avec une poutre; après ces battements, il s'est tu tout à coup : on eût dit qu'il avait forcé sa prison et qu'il était parti... Où ? A la suite de Suzanne, vous le pensez bien. Ah! que je l'aime encore, mon enfant, malgré le mal qu'elle me donne; mais mon amour va s'en aller...

— Vous l'aimez toujours?

— Oui, docteur, si je n'en meurs pas

vous autres hommes, vous ne vous doutez pas ce qu'est un enfant pour sa mère; le plus laid, le plus contrefait, trouve dans notre cœur des trésors d'enthousiasme, de faiblesses pour ses moindres gestes, ses cris, ses actions.

— Je le sais bien, dit M. Richard d'un ton qui prouvait combien il ressentait les angoisses de la veuve.

— Comprenez-vous mon état, ce matin, en n'entendant pas remuer Suzanne? Un froid subit a remplacé des chaleurs qui m'accablaient pendant que je passais ma robe; elle est malade, pensais-je en courant à sa chambre. Suzanne n'y était pas, et son lit n'avait pas été défait... Docteur, je voudrais pleurer, et je ne le peux plus... ma tête se perd... dites-moi un moyen pour pleurer encore?... Ah! que les enfants sont méchants de vous faire souffrir ainsi!... En bas, elle n'y était pas, au jardin non plus. J'ai regardé partout, au grenier, à la cave, dans le puits! s'écria-t-elle, où j'avais envie de me jeter!... Il me restait un seul espoir, la trouver ici. Pourquoi? je n'en sais rien... Où est-elle? Suzanne! Suzanne! Suzanne!

Elle cria trois fois ce nom d'une voix qui devait répondre au cœur de sa fille, et elle tomba sans connaissance.

En entendant ce bruit, madame Richard, quoique éloignée du cabinet de son mari, accourut; elle avait reconnu la voix de madame Le Pelletier.

— Nous allons la coucher, dit le docteur ému. Ma femme aide-moi à la porter.

— Mais que se passe-t-il?

— Je n'ai pas le temps... ne me demande rien ; pourvu qu'elle ne revienne pas trop vite à elle... Prends garde à la porte, ma femme.

Ils avaient transporté la veuve dans le lit de madame Richard.

— Ferme les rideaux maintenant, ceux de la fenêtre; ne quitte pas la chambre d'une minute, ne remue pas, ne fais pas un mouvement... Voici de l'éther, tu le tiendras prêt quand elle sortira de cette crise... moi je n'ai pas un instant à perdre... dans une heure je serai ici.

En parlant ainsi, le docteur allait par la chambre, préparait divers objets pour madame Le Pelletier, donnait ses dernières instructions à sa femme.

— Si on vient me demander, que la domestique dise que je suis à la campagne...

Il sortit, laissant madame Richard au chevet de la veuve.

VI

L'employé séducteur.

Depuis six mois Jousselin mécontentait son chef de bureau, M. Giboreau, par son changement de conduite : jadis employé zélé, exact, soigneux, possédant l'une des plus belles mains de la sous-préfecture, il avait tout d'un coup perdu ses qualités pour les remplacer par l'ennui, la nonchalance, des retards perpétuels ; son écriture n'était plus soignée, ses expéditions manquaient de propreté, tous les jours son *anglaise* allait s'affaiblissant, manquant de nerfs dans les *corps* et de souplesse dans les *déliés*. Quoique pût dire M. Giboreau, les reproches ne portaient pas ; l'employé recevait les mercuriales de son chef avec une indifférence qui témoignait de son peu de repentir. Une des fenêtres du bureau donne sur un jardin ; en surprenant les regards vagues de l'employé qui s'égaraient sur les fleurs, M. Giboreau crut à des distractions momentanées, et il relégua Jousselin dans un des coins opposés à la fenêtre, afin que n'ayant plus de motifs de contemplation, l'employé pût se donner tout entier à ses écritures ; mais le moyen ne réussit pas : tantôt appuyé sur ses coudes, Jousselin semblait plongé dans la recherche de profonds problèmes géométriques, tantôt ses yeux s'attachaient à un rayon de soleil, à l'ombre, aux couches de tabac à priser qui formaient une sorte de tapis sous le bureau de son chef. Il en résultait des reproches incessants, des menaces de destitution, des sarcasmes de la part des autres employés qui, en tombant sur leur mélancolique camarade, trouvaient l'occasion d'un divertissement en même temps qu'ils faisaient la cour à M. Giboreau. Jousselin n'en faisait pas moins sa besogne, mais inégalement et par saccades ; quelquefois en jetant les yeux sur la pendule il s'apercevait qu'il avait rêvé près d'une heure ; alors avec un acharnement, réaction naturelle de ses songes creux, il abattait la besogne avec un tel feu, que nécessairement il devait en résulter des omissions, des fautes. Ce n'était plus l'ancien employé arrivant à son bureau à l'heure sonnante, dépensant tant de minutes à disposer son papier, ses plumes, à les tailler, à se moucher, à ouvrir son pupitre, à le fermer. Ce grand calme inaltérable, ce nihilisme suprême, cette placidité sans égale, qui représentent le modèle de l'employé dans les bureaux, s'étaient enfuis à la grande surprise de M. Giboreau.

Le cabinet du chef de bureau attenait à

celui de ses employés : par une petite fenêtre composée d'un seul carreau, il pouvait d'un regard, et sans quitter sa table, surveiller Jousselin et ses camarades; à l'aide d'une ganse qui communiquait au carreau, il l'ouvrait et pouvait, par cette ouverture, donner des ordres à ses subordonnés. Jousselin frémissait quand il entendait ouvrir le carreau, car depuis quelques mois la voix de M. Giboreau ne s'adressait qu'à lui, et ses camarades échappant ainsi à la surveillance de leur chef, narguaient le pauvre employé qui portait tout le poids du caractère irritable de son supérieur. Au certain bruit qui annonçait la prochaine ouverture du carreau :

— Part à Jousselin, soufflaient à voix

basse les employés, heureux de voir toute l'attention du chef concentrée sur une seule victime.

— Attrape ça, Jousselin, lui disait-on après la mercuriale. Ou bien les plaisants du bureau réveillaient brusquement l'employé de ses songes en lui donnant de fausses alertes : — Gare à Giboréau, Jousselin.

Cette existence n'aurait pas été tenable pour un autre, mais les amoureux dédaignent et méprisent les tortures que les petits esprits infligent à ceux qu'ils ne comprennent pas, et Jousselin caressait des chimères si tendres qu'il entendait à peine les plaisanteries de ses camarades.

Un matin, l'employé venait d'arriver et jetant un regard piteux sur les nombreux dossiers qui s'étalaient sur sa table, il les déficelait et semblait y prendre une certaine curiosité; la vérité est que son esprit planait ailleurs ; il commençait à s'apercevoir de son état et s'en inquiétait, car l'ennui de sa vie de bureau le fatiguait, et il se levait maintenant, songeant avec tristesse au fardeau qu'il avait à porter tout le jour. Ordinairement l'employé avait une heure franche à consacrer à ses pensées, car M. Giboreau n'arrivait guère avant dix heures. Quel ne fut pas l'effroi de Jousselin en entendant le carreau s'ouvrir brusquement et son nom prononcé.

— Venez me trouver, monsieur Jousselin.

L'employé se crut perdu ; peut-être allait-on le renvoyer ! Pourquoi le chef de bureau venait-il à une heure inaccoutumée ? Ce fut la tête basse que Jousselin entra chez son chef ; mais un éblouissement subit lui passa devant les yeux quand il se trouva en présence du docteur Richard, debout, la physionomie froide, l'œil scrutateur, qui sembla à l'employé plus menaçant que celui d'un juge d'instruction.

— J'ai à vous parler, monsieur, dit le médecin.

Il y avait dans la voix du docteur un accent si sévère que l'employé ne put que balbutier :

— A moi, monsieur ?

— A qui voulez-vous qu'on parle ? dit Giboreau. Allez prendre votre chapeau, et soyez content, c'est toujours cela de moins à travailler.

Jousselin alla chercher son chapeau,

mais de la façon dont un condamné va au supplice. Il était tellement ému, la pâleur sur le visage, que ses camarades cessèrent leurs gouailleries accoutumées pour lui demander s'il était malade.

— Non, dit-il, en rangeant précipitamment son bureau pour échapper aux questions.

M. Richard l'attendait dans le corridor.

— Vous allez, monsieur, m'expliquer votre conduite!

Jousselin suivait le docteur comme s'il

eût eu les menottes aux mains. En traversant les rues, le docteur gardait le silence ; mais l'employé, sans oser le regarder, soupçonnait qu'un orage allait éclater sur sa tête. Naturellement déjà il était gêné par la vue d'un médecin comme par la présence d'un prêtre, d'un magistrat ; il craignait de voir lire au fond de son cœur et il baissait les yeux ne connaissant pas la belle définition qui en a été donnée : *les fenêtres de l'âme*, mais instinctivement il fermait les rideaux.

— Pourquoi ne vous ai-je plus revu chez moi, monsieur, à la suite de votre singugulière visite ?

Jousselin pâlissait, balbutiait, détournait la tête.

— Vous avez commis, monsieur, une action bien déloyale, peu digne d'un homme d'honneur... voilà pourquoi vous n'êtes plus revenu.

— Monsieur... Richard... hasarda Jousselin.

— Je sais tout, monsieur; votre conduite au bureau qui frappe tout le monde, M. Giboreau m'en assez parlé. Vos pensées aboutissaient à un seul but, vous éloignaient de vos devoirs, et vous n'avez que trop bien réussi. J'espère que vous voudrez bien ne me rien cacher, car je serai forcé d'aller déposer une plainte chez le procureur du roi.

— Chez le procureur du roi! s'écria l'employé.

— Oui, monsieur, je le ferai comme je le dis. Ah! vous n'aviez pas pensé au procureur du roi?

Jousselin était anéanti.

— Je viens de chez madame votre mère...

— Chez ma mère! s'écria l'employé terrifié; vous ne lui avez rien dit?

— Non, je voulais vous voir auparavant.

— C'est bien, monsieur Richard, je ne veux rien vous cacher...

— A la bonne heure, monsieur ; certainement votre faute est immense, mais vous pouvez peut-être la réparer en faisant cesser des inquiétudes et des tourments que vous ne soupçonnez pas.

L'employé écoutait le docteur d'une telle sorte que quelquefois celui-ci doutait qu'il eût affaire à un être raisonnable, et il se disait : comment Suzanne a-t-elle pu se laisser prendre à un pareil homme? Mais M. Richard avait connu des liaisons si bizarres qu'il pouvait croire que, par ses assiduités perpétuelles, l'employé avait touché le cœur de Suzanne. L'employé commença le récit de ses amours depuis le début.

— Promenons-nous, dit le docteur afin qu'on ne nous remarque pas.

Tout en marchant, Jousselin protestait de l'adoration qu'il portait à Suzanne, et se tenait dans l'ordre des sensations personnelles sans entrer dans le domaine des faits.

— Je connais cela, dit le docteur, impatienté, vous m'avez assez parlé de votre amour lors de votre première visite. C'est depuis cette époque que je vous demande un récit fidèle.

— J'ai eu de grandes jouissances depuis, mais aussi de grands chagrins. Ah! monsieur Richard, quand elle était aux orgues et que je l'attendais à sa sortie, à son arrivée!...

— Et que disait madame Le Pelletier?

— Elle ne me voyait pas.

— C'était à la mère qu'il fallait vous adresser, et Suzanne ?

— Elle était en compagnie de sa mère ; même seule je n'aurais osé lui parler.

— Vous lui écriviez alors ?

— Moi, lui écrire ! jamais !

— A quelle époque commence votre liaison ?

— Une liaison ?

— Voyons, monsieur, voulez-vous me répondre franchement ?

— Pardon, monsieur Richard.

— Non, il n'y a pas de pardon ; vous ne parliez pas à Suzanne, vous craigniez de lui écrire, et vous osez l'engager à fuir la nuit, à quitter sa mère !

— Moi ! s'écria Jousselin. Comment, elle a abandonné sa mère !...

— Monsieur, dit froidement le docteur, j'ai bien voulu vous voir avant de déposer une plainte entre les mains de la justice ; je ne suis pas venu ici pour voir jouer la comédie.

— Elle a pu quitter sa mère! s'écriait l'employé pâlissant, prêt à se trouver mal.

— Vous ne le lui avez donc pas conseillé? dit le docteur frappé du désespoir sincère qui se manifestait chez le jeune homme. Mais enfin, vous savez où elle est ?

— Elle est partie, disait Jousselin.

— Ah ! vous ne le saviez pas ; voilà pourtant où mène une intrigue, innocente au début, et dont je suis coupable, moi tout le premier, d'avoir reçu la confidence.

Jousselin sanglotait.

— J'aurais dû m'en douter, dit-il d'une voix entrecoupée par les larmes.

— Ne pouviez-vous me prévenir, monsieur ?

— Ce n'était pas mon secret.

— Elle vous l'avait donc confié ?

— A moi! reprit l'employé; mais jamais elle ne m'a parlé!

— Elle ne vous a pas parlé?

— Ni moi non plus... j'aurais été si heureux d'entendre sa voix s'adresser à moi.

— Alors que faisiez-vous dans le jardin, la nuit, tous les soirs?

— Tous les soirs... dans le jardin... la nuit! s'écria Jousselin avec un rire amer. Moi! et c'est moi que vous accusez?

— On vous a vu.

— On m'a vu...

— On vous a reconnu.

— Reconnu ! s'écria l'employé en haussant le ton.

— Pas si haut, monsieur, toute la ville le sait, il est inutile de le confirmer par des éclats de voix.

— La ville, vous dites, monsieur Richard ?

— Certainement, on me l'a dit dans une maison honorable.

— Oh! monsieur Richard!

Jousselin avait passé par toute la gamme de la stupéfaction, qui se changea tout à coup en un torrent de larmes.

— Il ne s'agit pas de pleurer, dit le docteur ému lui-même, vous êtes un homme; qu'avez-vous?

— J'ai, s'écria l'employé, que j'ai passé

depuis six mois par des tortures atroces, et qu'il faut enfin qu'elles éclatent... Elle est partie, tant mieux... je souffrirai moins. Mais vous ne savez donc pas, monsieur Richard, combien je la respectais ; je n'aurais pas osé baiser le bas de sa robe... Pauvre demoiselle ! sauvée, dites-vous ? Elle ne se donte guère des angoisses par lesquelles j'ai passé... Il y a des jours où je croyais que je mourrais, où je restais étendu dans la neige, demandant à Dieu en grinçant des dents de me reprendre la vie... Oh ! la jalousie fait bien mal. J'aurais voulu crier et je me retenais, craignant de compromettre mademoiselle Suzanne.

— Je ne vous comprends pas, monsieur

Jousselin ; est-ce vous qui êtes fou ou moi ?

— Si j'avais pu devenir fou, échapper à mes pensées, j'aurais été trop heureux ; mais vous ne comprenez pas, quand on voit tout à coup un autre s'emparer d'une femme qu'on aime.

— Un autre! s'écria à son tour le docteur, il y en a un autre... Qui est-ce ?

— Je ne peux pas le dire...

— Comment l'avez-vous découvert?

— Hélas ! monsieur, trop naturellement pour mon malheur. N'osant plus passer devant les fenêtres de madame Le Pelletier, dans la crainte d'être reconnu, remarqué et de compromettre mademoiselle Suzanne, je venais le soir derrière le jardin, et je m'approchais le plus près du mur pour respirer les senteurs qui l'avaient peut-être caressée ; je me disais elle dort tranquillement à cette heure, il m'est permis de penser à elle sans être remarqué de personne. J'ai fait des folies ; j'ai soulevé des pierres énormes que j'ai portées contre le mur afin d'atteindre les branches d'un arbre de son jardin. Je l'aimais tant que mes forces se doublaient... Il le faut, pensais-je, et la volonté m'aidait à traîner ces lourdes pierres qui effraieraient les maçons les plus robustes... J'ai encore la branche... Elle est accrochée chez moi, quoique ma mère ait voulu la jeter souvent. Un soir, en venant à mon bonheur, car je ne désirais rien de plus, je me tenais pour satisfait de contempler les murs du jardin, j'aperçus un homme qui se glissait du côté de la petite porte de derrière, il l'ouvrit et il entra ; on eût dit qu'il n'y venait pas pour la première fois... Ah ! monsieur Richard, je ne peux pas vous dire ce qui s'est passé en moi... Je frissonnais, mes dents claquaient, et je sentis qu'un grand malheur se préparait... Rien ne m'indiquait le nom de la personne et la qualité qui lui donnait accès dans le jardin à la nuit, mais j'avais un pressentiment qui ne me trompait pas... Cependant je voulais donner le change à mes idées, je m'efforçais de croire à une visite à madame Le Pelletier, et je sentais que je me créais des mensonges pour me consoler... Si la personne sortait avec les mêmes précautions, j'étais certain que mademoiselle Suzanne recevait un jeune homme en cachette et je me fendais la tête à chercher un nom possible... Je me promenais de long en large, le temps me semblait long ; quelquefois je me collais contre la petite porte afin de tâcher de surprendre une phrase, un mot... Le silence le plus absolu répondait à mes battements de cœur... Enfin longtemps après la porte s'ouvrit et l'inconnu disparut en regardant de côté et d'autre s'il n'était pas suivi.

— Qui était-ce ? demanda le docteur.

— Je n'ai pas encore fini... L'inconnu s'éloigna rapidement; je ne pus le suivre, car je craignais d'être remarqué; je passai une nuit si douloureuse que je ne croyais pas qu'on pût résister longtemps à de pareilles souffrances. Depuis, les souffrances ont augmenté et j'ai résisté... Plus tard, j'ai entendu mademoiselle Suzanne reconduire le jeune homme, mais je ne pouvais le croire... Il n'y avait plus de place pour le doute; croiriez-vous, monsieur Richard, que je n'ai pas manqué à un de leurs rendez-vous... Toujours j'étais dehors, maudissant ma destinée, cherchant des moyens de me débarrasser de mon rival... Oui, il y a des jours où je l'aurais assassiné quand il sortait.

— Dites-moi donc son nom, s'écria le docteur.

— Hélas ! monsieur Richard !

— Ainsi, vous ne voulez pas me le nommer ?

— Je ne le peux pas, monsieur Richard.

— Mais Suzanne est partie, il faut que je la retrouve.

Jousselin frappait la terre de son pied, et d'une voix lamentable :

— Elle est partie.

— Vous n'en avez parlé à personne jusqu'ici ?

— Je le jure, monsieur Richard, à vous seul.

— Vous en avez trop dit, mon cher monsieur Jousselin, pour que je ne devine pas.

— Vraiment ! s'écria l'employé ému, l'avez-vous deviné ?...

— Un homme indigne d'elle.

— Oui, bien indigne, je le crois.

— Voyons, dit M. Richard, ne rusons pas. Il serait mal de surprendre votre secret ; mais on dit tout à un prêtre, n'est-il pas vrai ?

Jousselin tressaillit.

— Avez-vous de la religion ?

— Toute cette année j'allais régulièrement à l'église.

— Parce que Suzanne y était?

— Oui ; mais l'église a développé en moi des idées nouvelles, et quoique mademoiselle Suzanne n'y soit plus, je continuerai comme d'habitude à aller à la cathédrale tous les dimanches, à ma place accoutumée.

— Si vous vous confessiez, et que votre confesseur exigeât le nom de la personne que vous me cachez!

L'employé ne répondit pas.

— Vous le lui diriez, continua le docteur, vous seriez obligé de le lui dire.

Eh bien, monsieur Jousselin, un médecin est un confesseur ; il sait tout, connaît tout, il ne dévoile rien... Ai-je parlé des confidences que vous m'avez faites il y a déjà longtemps... Tous les jours n'entre-t-il pas dans mon cabinet des personnes qui se confient à ma parole ; un seul mot hasardé de ma part pourrait jeter le trouble dans les familles. J'ai vu dans ma vie le vilain côté de l'humanité : des femmes qui se cachent de leurs maris, des maris de leurs femmes ; des enfants qui me consultent sur la durée probable de l'existence de leurs parents. Beaucoup de ces gens passent pour honorables dans la société, ils ne se montrent hideux que dans mon cabinet... Pensez-vous que je vais répandre leurs affreuses confidences ; il y a trente ans que j'exerce, monsieur, tout le monde m'honore, vous seul ne me jugez pas digne de connaître un secret dont la révélation peut sauver Suzanne.

— La sauver ! le croyez-vous possible ?

— Certainement, je connais Suzanne comme si elle était ma fille ; elle a été imprudente, légère, une volonté supérieure à la sienne l'aura entraînée dans une fuite dont elle se repent déjà... Si je ne rapporte pas de nouvelles à madame Le Pelletier, elle en mourra... Je l'ai laissée la tête perdue ; elle est venue ce matin presque folle, traversant la ville dans une toilette qui dévoile son malheur; d'un mot vous pouvez sauver la mère, sauver la fille... Ah! madame Le Pelletier vous en saurait une reconnaissance éternelle... Suzanne échappée au danger dont elle a pu sonder la profondeur, vous en remercierait plus tard... qui sait... Moi-même, je vous en conjure, dites-moi ce nom... Est-ce pour répandre le déshonneur de Suzanne que je vous le demande?... Mon amitié pour la mère, pour elle, ne me force-t-elle pas au contraire à éteindre les calomnies déjà enflammées qu'une bouche coupable a allumées...

— Je vous jure, monsieur Richard, que je ne connais pas la personne que recevait mademoiselle Suzanne. Je le jure sur la tête de mon père. Pourquoi vous le cacherais-je? N'ai-je pas fouillé toute la ville pour découvrir cet homme? Et rien. Il ne me reste plus qu'un espoir : si mademoiselle Suzanne est partie, elle n'est pas seule.

Jousselin s'arrêta, reprit haleine, et s'approchant du docteur, il lui souffla un mot qui produisit chez M. Richard l'effet d'une goutte de plomb fondu dans l'oreille.

— Serait-il possible! s'écria le docteur, en poussant un cri et en joignant les mains; puis, sans ajouter un mot, il s'éloigna rapidement comme un homme mordu par un serpent et qui, éperdu, court chercher des secours à l'endroit le plus voisin.

Ceux qui, dans les petites villes, passent leur temps à s'occuper des actions de leurs concitoyens, purent croire, en voyant passer le docteur dans les rues, qu'il était appelé pour un cas désespéré; il fendait l'air, ne regardant à droite ni à gauche, et ne s'inquiétait pas de ce que sa course pouvait avoir d'étrange. En quelques minutes il était à la porte de l'évêché et s'informait auprès du concierge s'il pouvait voir Cyprien.

— M. Cyprien n'est pas ici.

— Il n'est pas à Bayeux? demanda le docteur.

— Pardonnez, monsieur, mais il est sorti tout à l'heure.

M. Richard respira en apprenant la présence du jeune homme dans la ville. Puis il demanda à parler à Son Eminence; mais M. de Boisdhyver ne pouvait recevoir en ce moment, ainsi que le docteur l'avait prévu; ce fut avec un certain sentiment de tranquillité que M. Richard vint faire une tournée dans la ville, afin de s'arrêter chez les loueurs de voitures, dans les auberges où descendent les voyageurs des environs et à l'hôtel des Messageries. Maintenant que le docteur avait la clé de la fuite de Suzanne, le plus important était de connaître l'endroit où elle avait pu se réfugier, et ces renseignements semblaient faciles à obtenir par le petit nombre de voitures publiques qui sortent de la ville. Cependant il fallait apporter une certaine diplomatie dans ces recherches, car M. Richard ne pouvait désigner Suzanne, mais par sa position et ses relations, sans compromettre le nom de madame Le Pelletier, le docteur put s'assurer que Suzanne n'était partie ni par les Messageries royales ni par les voitures des messageries de la campagne, ni par une voiture de location. Il en résultait qu'elle avait sans doute quitté la maison de sa mère la nuit à pied, et que, par conséquent, elle ne pouvait encore être éloignée, à moins que, pour tromper la surveillance, elle n'eût attendu une voiture publique dans un village voisin.

Quoique n'apportant pas de renseignements bien précis, M. Richard rentra chez lui avec le secret contentement d'un homme qui, chargé d'une tâche difficile, s'y est jeté à corps perdu, l'a commencée et ne désespère pas d'en venir à bout.

— Mon ami, lui dit sa femme, qui semblait l'attendre avec une vive impatience, voici une lettre très pressée qui m'a bien l'air de l'écriture de Suzanne.

Le docteur brisa le cachet avec rapidité, la lut d'un coup d'œil et s'écria :

— Suzanne est retrouvée... Fais atteler ma voiture tout de suite... Et madame Le Pelletier?

— Elle est toujours dans un abattement profond.

— Je vais la voir pendant qu'on sellera mon cheval. Non, retourne près d'elle; je n'ai pas une minute à perdre. Si elle revient à elle, dis-lui que je suis allé chercher Suzanne et qu'elle la reverra ce soir...

Malgré les questions de sa femme, le docteur ne voulut pas lui dire l'endroit où s'était réfugiée Suzanne, ni lui faire connaître le contenu de sa lettre. Il descendit aussitôt dans la cour et étonna la servante par la précipitation qu'il apportait au harnachement de son cheval. Quoique d'une humeur vive, jamais il n'avait été plus impatient, plus bref dans ses ordres.

Ce fut ainsi qu'il ne mit guère plus de trois quarts d'heure à faire le chemin qui conduit de Bayeux à Isigny; son cheval volait, et la voiture, si elle n'eût été construite avec une rare solidité, eût pu rester sur la route; les pensées du docteur se succédaient aussi rapidement que chaque tour de roues. Le docteur arriva à l'auberge que Suzanne lui avait désignée; de loin, il reconnut la jeune fille qui s'était mise à la fenêtre et qui l'attendait impatiemment.

— Une dame vous attend au premier étage, monsieur Richard, dit l'hôtesse qui voulait entamer une conversation et qui fut déçue par la brusquerie que le docteur mit à monter l'escalier.

— Vous ici! s'écria le docteur en prenant les mains de Suzanne.

Ce fut son seul mot de reproche. Il regardait attentivement la jeune fille pâle qui rougissait sous l'œil attentif du médecin.

— Et je n'avais rien deviné! dit-il. Ah! Suzanne, comment annoncerons-nous cette nouvelle à votre pauvre mère?

Suzanne fondit en larmes.

— Ma mère ! dit-elle, sans elle, je n'existerais plus... j'ai longtemps tourné autour de la rivière cette nuit, mais le souvenir de ma mère m'est revenu... Qu'a-t-elle dit ? ne m'a-t-elle pas maudite... je n'ose vous interroger.

— Nous la verrons ce soir, je suis venu la chercher.

— Oh ! c'est impossible, monsieur Richard, elle ne saurait supporter la vue de mon déshonneur.

— Vous êtes partie à pied de Bayeux cette nuit.

— Oui, je craignais chaque jour les regards de ma mère...

— Pauvre enfant! c'est une grave imprudence que vous avez commise...

— Pourquoi ma mère n'est-elle pas venue? dit Suzanne d'un air inquiet.

— Vous m'avez défendu, dans votre lettre, de lui parler.

— Vraiment, ne me cachez rien ; il me semble que vous me trompez... Je n'ose penser à ma mère... Que fait-elle?... Que dit-elle?... Ah! je suis bien punie!...

— Madame Le Pelletier a beaucoup pleuré; mais ne craignez rien, mademoiselle, elle vous recevra dans ses bras en pleurant, sans une parole amère... Elle ne sait rien, je ne lui ai pas dit encore le fatal secret...

— Ne le lui dites pas, monsieur Richard.

— Et comment le lui cacher? Je ne puis plus songer maintenant à vous faire revenir à Bayeux, même dans la voiture la plus douce... après cette marche forcée... Je viendrai tous les jours vous voir avec votre mère, s'il le faut, avec lui.

— Non! pas avec lui... Vous ne savez pas...

— Je ne le sais que trop, malheureusement...

— C'est impossible, qui vous l'a dit?

— Il est plus coupable que vous, Suzanne ; ses devoirs, la mission qu'il a à remplir auraient dû l'arrêter sur le chemin de la séduction...

— Oh! monsieur Richard, il ne me reste plus qu'à mourir... Vous le connaissez... J'aurais porté ma honte, mais lui !

— Il n'y a que moi qui sache son nom, et

si les soupçons de la ville se portaient sur quelqu'un, ce serait sur un homme auque vous n'avez pas pris garde.

— Un autre, dit Suzanne.

— Qu'importe ! il s'agit de monsieur...

La première syllabe siffla sur les lèvres du docteur.

— Ne le nommez pas, monsieur Richard ; il est assez puni par ses propres tourments. Il veut se renfermer à jamais et s'infliger une peine dont il sera lui-même le juge et le coupable.

— Sa conscience a parlé trop tard, Suzanne... Ainsi, c'est le seul dédommagement qu'il vous offre ?

— Quel autre serait possible ?

— Cet homme-là, Suzanne, a cru vous aimer; il était jeune, vous aussi, il vous a entraînée au mal...

— Ne parlez pas ainsi, docteur; il ne m a pas entraînée; nous nous sommes sentis portés l'un vers l'autre sans pouvoir réfléchir: il n'est pas coupable.

— Cependant, son premier soin serait

de couvrir votre faute; la pensée ne lui en est-elle pas venue?

— Il me l'eût offert que jamais je n'aurais consenti à briser sa carrière...

— Et votre avenir! et la réputation de votre famille!

— Tenez, docteur, ne me pressez pas, je ne sais pas raisonner comme vous, je ne vous demande qu'un service, amenez-moi ma mère...; que je la voie encore, je ne peux vivre sans elle. Je veux la voir, quand même elle refuserait de me pardonner; je veux l'entendre, sa voix fût-elle irritée...

En la voyant seulement je pourrai porter ma faute...

C'est après avoir passé deux heures auprès de Suzanne, que le docteur revint à Bayeux, sans presser son cheval ; maintenant la situation se compliquait dans son esprit, et il n'osait peser les conséquences issues de la fuite de la jeune fille. Plus il approchait de la ville, et plus ses agitations se pressaient en lui, sans prendre corps : une mère à consoler, un coupable à châtier, une faute à voiler, des curiosités à éteindre, des propos scandaleux à étouffer, tels étaient les motifs qui faisaient que l'honnête médecin voyait à regret le clocher de l'église se détacher de minute en minute plus distinctement sur le ciel.

En arrivant chez lui, M. Richard fut étonné d'entendre la voix plus calme de madame Le Pelletier répondre à madame Richard. La femme du médecin, quoique son mari ne l'en eût pas autorisée, avait prévenu la veuve que des nouvelles positives annonçaient le retour prochain de Suzanne. La pauvre mère s'évanouit en entendant ces paroles ; mais c'était la joie qui la faisait défaillir ; et elle revint bientôt à elle mêlant dans son ivresse le nom de Suzanne à celui du docteur ; elle prévoyait que de l'arrivée de M. Richard dépendait tout son avenir. Quoiqu'un mystère fût nécessairement attaché à la fuite de Suzanne, madame Le Pelletier n'y songeait pas ; sa fille était retrouvée, elle allait la voir, l'embrasser encore, son affection maternelle s'était centuplée depuis la fatale nouvelle, et elle connut seulement alors, par le ravage qui s'était opéré dans son esprit, combien son cœur et son âme étaient soudés au cœur et à l'âme de Suzanne.

M. Richard crut le moment convenable pour annoncer à madame Le Pelletier les motifs qui retenaient Suzanne à Isigny. Employer des détours, des ambiages, il n'y fallait pas songer, le premier mot serait de demander sa fille ; on ne pouvait la lui cacher pendant un mois, peut-être plus longtemps, il était nécessaire de montrer le mal dans toute sa force, sauf à essayer de le combattre par des adoucissements que le sentiment maternel accueillerait avec empressement. Ces raisons, la conduite à tenir avaient été pesées par le docteur pendant son retour, et il attendait de la tournure de la conversation des auxiliaires difficiles à rassembler dans sa pensée.

— Vous êtes une femme courageuse, dit-il à madame Le Pelletier.

A ce mot, elle pâlit.

— Ne craignez rien, Suzanne ne court aucun danger ; mais dites-moi que vous aurez du courage.

La veuve émue et ne pouvant parler, fit

un signe de tête affirmatif. Le docteur était de ces hommes qu'une opération chirurgicale émeut d'abord, qui se sentent faibles un moment, et qui, puisant des forces dans la nécessité et le sentiment de l'humanité, une fois le couteau en main, retrouvent le sang froid nécessaire à l'amputation d'un membre. C'était presque une opération chirurgicale que d'annoncer à madame Le Pelletier l'état dans lequel se trouvait sa fille ; M. Richard agit comme auprès du lit d'un malade qu'il faut encourager, flatter et lui montrer les avantages de l'amputation pour soutenir le moral pendant l'opération.

— Si vous avez réellement du calme, dit

le docteur, vous reverrez votre enfant ce soir.

Madame Le Pelletier, brisée par l'émotion, les yeux fiévreux, put écouter alors le bref récit de la séduction de sa fille. M. Richard n'entra dans aucun détail inutile ; il jugeait nécessaire de tailler dans le vif, sauf à éteindre la plaie en faisant tomber la mère et la fille dans les bras l'une de l'autre.

— Partons, docteur, dit madame Le Pelletier.

Ce mot fit comprendre au médecin que

le pardon gonflait déjà le cœur de la mère; mais M. Richard avait d'autres devoirs à remplir ; il ne lui suffisait pas de rendre à Suzanne l'affection de sa mère. Un autre but le préoccupait. Madame Richard fut chargée de conduire la veuve auprès de sa fille. Les trois femmes pleureraient ensemble, et par un mot de billet dont fut chargée madame Richard, Suzanne était invitée par le docteur à ne pas dire le nom de son séducteur.

M. Richard avait hâte de rencontrer M. de Boisdhyver; après un entretien d'une heure à l'évêché, le docteur quitta M. de Boisdhyver aussi ému que madame Le Pelletier Ce fut par cette belle parole tirée d'un apôtre que M. de Boisdhyver conclut après la confidence du médecin :

— Celui qui désire l'épiscopat désire un grand travail.

Il allait sonner quatre heures. Depuis le matin, le docteur était dans un état de surexcitation dont se hâtent de profiter les gens qui veulent mener une entreprise à bonne fin ; la position de Suzanne, le désespoir de sa mère, l'entrevue avec l'évêque, le voile qui s'était déchiré tout à coup en éclairant ce drame imprévu, avaient donné au docteur des forces qu'il ne connaissait pas : à cette heure, il ne doutait plus, il était maître de diriger toute la ville, et il se rendait compte comment Jousselin, dans son amour, avait pu soulever ces lourdes pierres contre un mur, rien que pour cueillir une branche d'arbre. Ce fut ce souvenir qui entraîna M. Richard dans la direction de la sous-préfecture à l'heure où il savait que les employés quittaient leur travail. A quatre heures précises, les employés quittent vivement leurs bureaux ; on comprenait à leur marche actvie le plaisir qu'ils trouvaient à quitter l'air tiède des bureaux pour l'air pur ; le dernier qui passa fut Jousselin, la tête basse, courbée par l'émotion que lui avait causée sa conversation du matin avec le docteur. En apercevant M. Richard, l'employé s'écria : « Elle est retrouvée ! » car il y avait sur la figure du docteur des signes certains de contentement.

— Oui, monsieur Jousselin.

Le docteur prit les mains de l'employé dans les siennes.

— J'ai à vous demander un grand service et il est impossible que vous me le refusiez... Vous seul dans la ville connaissez la position de Suzanne, jurez-moi de ne la dévoiler à personne.

— Je vous le jure, dit franchement l'employé.

— Maintenant sachez toute la vérité, vous en êtes digne. Suzanne est déshonorée dans l'opinion, il est impossible d'arrêter les bruits qui courent sur son compte... Ils ne sont que trop vrais, d'ailleurs... j'ai vu cette pauvre enfant, qui, malgré son état, a fui la ville à pied, et j'espère que cette imprudence n'aura pas de suites fâcheuses pour sa santé... Son séducteur l'a abandonnée, il ne la reverra jamais.

— Il vaut mieux qu'il ne la revoie pas, s'écria l'employé.

— Vous passez dans la ville pour le séducteur ; donnez-moi votre parole que vous laisserez peser cette accusation sur votre tête, quoi qu'il puisse arriver !

— Monsieur Richard, comptez sur moi, quoi qu'il arrive, je ne démentirai jamais les gens de Bayeux.

— Bientôt, ces bruits s'apaiseront ; je ne sais quelles sont les intentions de madame Le Pelletier, mais elle devra quitter la ville.

— Quitter la ville ! s'écria l'employé... Et sa fille ?

— Suzanne restera à Isigny le temps

nécessaire et ne rentrera jamais à Bayeux.

Jousselin fondait en larmes.

— Jamais, disait-il. Cependant si le séducteur consentait à réparer sa faute ?

— Il ne le peut pas, il ne le veut pas. Toute la faute doit retomber publiquement sur la tête de Suzanne.

— Mais n'avez-vous pas dit que le séducteur c'était moi !

IX

Suites de la maladie

La nouvelle de la fuite de Suzanne fut bientôt répandue dans Bayeux et donna raison par hasard à la calomnie provinciale, qu'on pourrait dépeindre comme un soldat en perpétuelle faction, tenant d'une main la mèche allumée, prêt à mettre le feu à une machine infernale qui répand ses éclats dans toutes les maisons, fait un grand nombre de victimes et blesse jusqu'aux curieux. Les allées et les venues de madame Le Pelletier, l'inquiétude du docteur Richard, la disparition de Suzanne, le maintien embarrassé de Jousselin, servirent de commentaires à l'opinion publique.

On s'attacha surtout à épier la mine du séducteur, qui comparaissait seul sur les bancs du tribunal de l'opinion. Il y avait chez le principal accusé de quoi déconcerter la finesse féminine. Comment un jeune homme d'apparences tranquilles, à l'air modeste et timide, qui n'osait lever les yeux dans les rues, avait-il pu entraîner à mal un jeune fille de la société ? Il résulta de ce fait nombre de commentaires sur l'hypocrisie des hommes timides, qui sont plus dangereux qu'un régiment de brillants officiers. Les mères frémissaient à l'idée qu'il suffit à un jeune homme blond et doux de passer devant leurs fenêtres pour enlever leurs filles. Les hommes expliquaient le fait en le tournant contre les femmes, et la grande question du bien et du mal qu'on dit des femmes, qui a agité et agitera tant de plumes encore, revenait sans cesse à propos de l'employé.

Jousselin, plus intimidé qu'un acteur qui entre pour la première fois en scène, voyait sans les voir les regards qui pleuvaient sur lui, entendait sans les entendre les sots propos, les méchantes allusions que toute la ville répétait ; mais il était soutenu dans cette situation difficile par sa conscience qui lui avait dicté cette belle réponse au docteur Richard : « Ne suis-je pas le séducteur ? » A cette heure il éprouvait un sorte de félicité saignante à se sentir mêlé à tout instant au souvenir de Suzanne. Pendant un an il avait prononcé en secret le nom de Suzanne ; il promenait son secret solitaire, et maintenant elle et lui étaient dans toutes les bouches : à toute heure du jour il devinait qu'on parlait de lui et qu'on l'associait à mademoiselle Le Pelletier : si sa timidité ployait sous ce fardeau, il trouvait une récompense perpétuelle dans une voix mystérieuse qui lui criait de ne pas se décourager, quoi qu'il advînt. L'employé eut besoin d'un courage qu'on n'aurait pas cru logé en une si faible enveloppe. Ce qu'il craignait le plus, c'était que sa mère ne connût la terrible accusation qui pesait sur lui.

Jusque-là elle l'ignorait; mais un simple mot pouvait l'éclairer. Jousselin tremblait les jours de marché, qui servent deux fois par semaine de gazettes parlées. Là tout le monde se rencontre, cause et lâche la provision de nouvelles accumulées pendant une huitaine; mais la mère de l'employé, par un hasard extraordinaire, n'avait reçu aucune confidence jusqu'alors. Jousselin se croyait en sûreté lorsqu'il fut atteint par un coup auquel il n'avait pas songé et qui le trouva sans défense.

Un matin, il fut appelé dans le cabinet du sous-préfet.

— Monsieur, lui dit celui-ci d'un air sévère, après le scandale que vous avez donné à la ville, il m'est impossible de garder dans mes bureaux un homme de mauvaises mœurs; je suis obligé de vous demander votre démission...

Jousselin voulut parler, mais la voix

manqua au gosier, et il resta devant le
sous-préfet pâle, ému, avec l'aspect d'un
coupable qu'on vient de saisir en flagrant
délit, plutôt que d'un innocent qui veut se
défendre.

— Dès aujourd'hui, monsieur, continua
le sous-préfet, vous êtes libre ; vos appoin-
tements vous seront comptés jusqu'à la fin
du mois...

Jousselin vit à la figure de son supérieur,
qui se levait pour le congédier, qu'il n'y
avait rien à en espérer, et il sortit accablé
de ce nouveau coup, sans essayer d'y re-
médier. Les premiers effets d'un grand

malheur survenu brusquement, sont de laisser l'homme inerte et sans raisonnement : l'analyse plus cruelle ne vient qu'ensuite. Les premiers coups sont sourds et enlèvent toute connaissance ; plus tard seulement l'homme raisonne et cherche des palliatifs à ces coups du sort.

Jousselin sortit de la sous-préfecture sans savoir où ses jambes le portaient, sans savoir s'il marchait ; mais l'instinct le poussa vers les rues désertes de la ville afin de n'être pas rencontré. C'est ainsi qu'il se trouva dans le quartier du cloître, vis-à-vis la maison des demoiselles Loche, qui justement à cette heure, sortaient de leur maison pour aller à la messe : n'ayant rien

changé à leurs habitudes, l'une des deux
sœurs portait sous le bras de volumineux
paroissiens et à la main l'énorme clé de la
porte qui pouvait peser cinq livres. Jousselin sentit ses regards se diriger vers
cette énorme clé, sans se douter qu'il en
avait été pour ainsi dire frappé. De la maison des demoiselles Loche était sortie sa
destitution, car M. Ordinaire, le vicaire-
général, qui se trouvait en relations avec
le sous-préfet, avait provoqué le renvoi de
l'employé : Inflexible, le vicaire-général,
de l'école du curé Caneva, mettant une
commune à feu et à sang pour un simple bal
de village, augmentait le scandale qui avait
frappé une famille en punissant ouvertement le séducteur. Le sous-préfet s'était
laissé entraîner par les discours de M. Or-

dinaire, et il avait résolu de *purger* ses bureaux d'un homme qui y apportait des mœurs déplorables.

Ce fut à une des soirées des demoiselles Loche, qui s'indignaient plus vivement encore que le vicaire-général, que le sous-préfet croyant connaître l'opinion publique dans ce petit salon exclusif, résolut de donner un exemple à ses employés. Les deux sœurs qui ne connaissaient pas Jousselin de vue, passèrent devant lui, ignorant que la victime de leur puissance secrète était là, à cette heure, en leur présence, témoignant par un abattement complet de la rigueur des opinions manifestées la veille au soir dans la maison du cloître. Les demoiselles Loche allaient pleines de sérénité prier leur confesseur de leur épargner des fautes à l'avenir! Jousselin allait devant lui, la tête troublée, n'ayant qu'une idée : Suzanne, toujours Suzanne! Plus il lui était porté de coups à cause d'elle, plus son souvenir s'ancrait profondément dans son cœur.

Il sortit ainsi de la ville, conduit par l'instinct de ne pas se faire remarquer dans les rues à l'heure du bureau, et il marcha tout droit dans la campagne. Il était deux heures de l'après-midi : la route que suivait Jousselin est une de ces petites routes de Normandie si jolies et si plantureuses qu'on n'en pourrait souhaiter d'autres en

Paradis. Ces routes sont bordées d'assez de pommiers pour tenter toutes les Ève de la terre. Le soleil pénètre par échappées à travers les branches et le feuillage, colore les fruits et dépose un baiser lumineux sur le ventre rose des pommes. La verdure est épaisse à éteindre le bruit des pas; l'ombre est chaude, la lumière douce sous les branchages entrecroisés.

Pour la première fois, Jousselin comprit la liberté. A cette heure délicieuse de l'après-midi, il restait courbé dans un cabinet humide, sur des papiers, enveloppé d'une atmosphère de bureau, maintenant il respirait en pleine poitrine : Les oiseaux chantaient sans s'inquiéter du lendemain ;

un petit vent frais qui venait de la mer agitait les pommiers; par-dessus les haies des fermes s'avançait une tête de vache curieuse, qui regardait l'employé avec ses gros yeux pleins de bonté; de jolies paysannes qui allaient à la ville disaient bonjour à Jousselin en souriant... Hors de la ville tout était tranquillité, bonheur et santé... Jousselin marchait toujours d'un pas rapide; ce fut par des chemins délicieux qu'il arriva devant quelques maisons isolées, les premières d'un village.

Tout à coup, l'employé sentit son regard se voiler, ses genoux trembler, tout son être fléchir; à une fenêtre, il avait reconnu madame Le Pelletier et Suzanne. En ce

moment, il eût voulu crier : « Suzanne !
Suzanne ! je vous aime ! » mais il n'en eut
pas la force : une volonté insurmontable le
fit retourner brusquement et courir dans
la direction du petit chemin couvert qu'il
venait de quitter. Etant hors de la vue du
village, il se jeta sur le gazon comme privé
de sentiment et se mit à sangloter et à répandre de nombreuses larmes. Toutes ses
émotions de la journée coulaient dans ce
torrent de larmes, qu'il regardait arroser
les brins d'herbe verts et rentrer en terre...
A cette heure, il oubliait sa démission, les
méchants propos de la ville. Il avait vu
Suzanne, pâle il est vrai, les yeux entourés
d'un cercle doré; mais c'était toujours
Suzanne ! toujours la femme pour laquelle
il avait dressé au plus profond de son cœur

un autel mystérieux! Il revint ainsi à la ville, ivre de bonheur, heureux d'avoir découvert la retraite de la jeune fille. Que lui importait maintenant sa situation? Au contraire, il était libre : à tout instant du jour il pourrait aller vers les fenêtres de Suzanne; on ne le connaissait pas, personne ne le remarquerait. Il rentra chez sa mère, brisé de fatigue, ne se doutant pas qu'il avait fait six grandes lieues; mais il en eût fait vingt tous les jours, quand il eût dû tomber mort sous les fenêtres de Suzanne. Il monta immédiatement à sa chambre, sans vouloir partager le modeste repas du soir; il n'avait pas faim, sinon de la vue de Suzanne...Ses émotions le nourrissaient... Ce fut la plus douce nuit que passa Jousselin depuis qu'il avait connaissance de ses actions, une nuit qui tenait autant de la veille que du rêve, une nuit doucement blanche, où des fantômes qui avaient pris la figure de Suzanne se tenaient au dessus de sa couche.

Mais le réveil fut amer! A huit heures du matin, Jousselin entendit claquer la porte de la rue d'un tel son, qu'il en frémit. C'était la façon de fermer de sa mère quand la mauvaise humeur la tenait. Les furies de l'antiquité seraient entrées dans la chambre de l'employé qu'elles ne l'eussent pas plus terrifié que sa mère en ce moment. Elle savait tout, elle avait appris la séduction de Suzanne, la destitution de son fils; ce furent des paroles d'une aigreur, d'une violence et d'une colère telles, que Jousselin crut entendre siffler les serpents les plus venimeux de la création. Il se leva pour ne pas être battu, car la mère quittait ses périodes pour s'avancer d'un air menaçant vers le lit de son fils.

— Mais réponds donc, disait-elle à Jousselin, qui baissait la tête devant l'orage.

Comme il ne disait rien, la mère répondait pour lui. Désespérant de l'apaiser, Jousselin s'étant habillé à la hâte, descendit vivement l'escalier, prit un morceau de pain dans la cuisine et s'esquiva.

Si Jousselin ignorait l'enchaînement des faits qui l'avaient désigné comme victime, M. de Boisdhyver, sans connaître les malheurs particuliers occasionnés par la séduction de Suzanne, frémissait que la vérité n'arrivât aux oreilles du vicaire-général, car M. Ordinaire eût été dans son droit en dénonçant un jeune homme appartenant à l'évêché, élevé pour ainsi dire par l'évêque, se rendant coupable d'une faute qui pouvait atteindre tout le clergé. Abattu, déplorant le malheur qui avait frappé la famille Le Pelletier, M. de Boisdhyver resta deux jours sans recevoir Cyprien, et lui enjoignit de ne pas sortir du séminaire sans ses ordres. L'évêque avait ressenti le coup si profondément qu'il craignait de se trouver en présence de Cyprien dans le premier moment; cependant, comme son secrétaire n'avait pas encore reçu les derniers ordres, il lui était permis de réparer sa faute. M. de Boisdhyver n'était pas de ces prêtres qui poussent de jeunes hommes à se jeter dans le sein de l'église sans vocation ; sans doute l'éducation claustrale, la règle, la discipline font que le fils de paysan, dressé dès son enfance à des pratiques religieuses finit par trouver la mission du prêtre comme une profession, comme un état : son tempérament se plie en apparence, sa figure, ses gestes, sa démarche rompus par l'habitude, semblent prendre une physionomie exempte de passions, mais M. de Boisdhyver ne s'arrêtait pas à ces symptômes, qui ne sont que l'épiderme de l'individu.

Toute profession laisse son empreinte sur l'individu : souvent l'empreinte n'est que factice, de même qu'un homme du Nord qui, dans les pays chauds, prend tout à coup une couleur bronzée qu'il perd quelques mois après être revenu sous un climat plus froid. Pour la première fois, l'évêque s'apercevait que la conviction n'avait pas pénétré jusqu'au fond du cœur de Cyprien, qu'il chérissait comme un fils, et il cherchait les moyens de sauver le jeune homme en le détournant d'une carrière difficile dans laquelle il s'était jeté peut-être au hasard. Plus d'une conversation eut lieu à ce sujet entre l'évêque et le médecin :

— Monseigneur, dit le docteur Richard,

qui comprenait les tourments secrets de M. de Boisdhyver, laissez-moi, je vous prie, assister à la conférence que vous aurez avec M. Cyprien. Vous êtes un meilleur juge que moi dans la question, vous sonderez jusqu'au fond de l'âme de ce jeune homme, mais ma profession m'a permis de connaître les ressorts qui font agir l'humanité dans les circonstances pénibles et difficiles de la vie, je vois de moins haut que votre excellence, mais je vois peut-être plus profondément le physique.

— Mon cher monsieur Richard, ce que vous dites là, je le pense ; vous avez donné un corps à mes pensées.

Au bout de deux jours, Cyprien fut introduit dans la cellule de l'évêque, qui s'y trouvait avec le docteur. Le jeune homme était pâle et inquiet. En moins d'un mois, les dernières fleurs de sa jeunesse étaient tombées, les événements de la vie avaient transformé sa nature, de vive et pétulante qu'elle était auparavant, en réfléchie et tourmentée. Il connaissait le cœur des deux hommes qui étaient devant lui, et cependant il se sentait plus gêné qu'en présence du tribunal de l'officialité diocésaine, lorsque, démonté par les attaques du vicaire-général Ordinaire, il perdit un moment conscience de sa mission. Mais jadis il était témoin et aujourd'hui accusé. En présence de ces deux hommes à la conscience pure, devant ce Christ en chêne sculpté qui se détachait sur les murailles peintes à la chaux de la cellule, Cyprien se jugeait lui-même, et le tribunal le plus redoutable était celui de sa conscience.

En entrant, il se jeta aux genoux de l'évêque.

— Relevez-vous, dit M. de Boisdhyver, qui fit signe au jeune homme de se tenir droit. Sans attendre de questions, Cyprien dit sa faute avec sincérité. Il s'était laissé entraîner peu à peu vers Suzanne, jusqu'au jour où il avait compris dans quel précipice il tombait ; mais alors il était trop tard : il reconnaissait sa faute, et demandait à l'expier par les châtiments les plus sévères que son supérieur lui infligerait.

Le docteur entendit alors pour la première fois une éloquence forte et convaincue : M. de Boisdhyver ne faiblit pas devant l'aveu de cette faute. Il déroula le tableau d'une existence pure et tranquille, telle que celle des dames Le Pelletier, troublée par un séducteur qui profitait de son caractère pieux pour arriver à ses fins : il plia pour ainsi dire Cyprien sous sa parole. Le Dieu vengeur de l'évêque se montrait d'autant plus courroucé et jaloux de punir le coupable qu'il était bon et miséricordieux. A la voix de l'évêque, les murs de la petite cellule semblaient s'entr'ouvrir pour laisser paraître le Dieu armé de ses foudres menaçantes. Ce n'était pas un discours de chaire que prononçait M. de Boisdhyver, mais des paroles de foi pleines de reproches et de colère qui empruntaient à son beau caractère des effets grandioses, inattendus et terribles. En ce moment, l'évêque prenait une physionomie particulière que le docteur n'avait remarquée chez aucun homme : peut-être certains mourants à leur heure dernière, entrevoyant une autre existence, lui rappelaient les traits du prélat inspiré. Cyprien était courbé comme par ces grandes tempêtes qui cassent les branches, déracinent les arbres, font tomber les toits, renversent les hommes et les chevaux. Il joignait les mains et semblait crier grâce, et toujours il allait ployant les genoux, la tête baissée vers la terre. Mais la parole de l'évêque s'augmentait, tonnait et mugissait : on eût dit de grandes vagues se dressant l'une sur l'autre, se choquant avec fracas et s'avançant vers le malheureux, qui, épouvanté, juge impossible de fuir et attend avec angoisse le moment où il sera roulé par les flots.

Cyprien était tombé à genoux, accablé par cette parole pleine de reproches : le docteur partageait l'émotion du juge et du condamné ; en un moment il avait compris la force et la grandeur de la religion, et il se détourna quand il vit l'évêque se mettre à genoux et prier, l'œil illuminé tourné vers le ciel. Il semblait au docteur qu'il venait d'assister à une opération cruelle, mais nécessaire, et que maintenant le chirurgien essayait de faire oublier les douleurs du patient par des paroles douces et onctueuses.

Sur un signe de l'évêque, Cyprien sortit, laissant ensemble l'évêque et le médecin. Après un assez long silence, les yeux de M. de Boisdhyver rencontrèrent ceux du docteur : c'étaient des regards pleins d'interrogations.

— Que ferez-vous, monseigneur? demanda le médecin.

— J'attends tout de là-haut, dit le prélat en levant les mains au ciel.

— Il n'aime pas Suzanne, reprit M. Richard. Il ne l'aime pas, voilà ce que je craignais : la jeunesse, l'entraînement des sens sont les seuls coupables. Pas un mot pour elle !... Il s'est repenti. Je l'ai vu courbé sous vos grandes paroles, monseigneur. Mais pas un souvenir, rien pour elle...

— Hélas ! disait l'évêque.

— Un autre se fût repenti, se serait traîné à vos genoux, vous eût demandé la liberté pour courir auprès de Suzanne, essayer de réparer ses torts... mais rien !...

— Et madame Le Pelletier? s'écria l'évêque.

— Elle ne voulait que l'amour de sa fille, la retrouver, la revoir; elle l'a revue... elle ne dit pas un mot... Je crains qu'elle ne nourrisse au-dedans une douleur profonde... Pauvre femme !...

— Et la jeune fille? dit l'évêque en hésitant.

— Elle pense au passé, à l'avenir; elle pleure la nuit quand elle est seule pour épargner à sa mère ses larmes du jour...

L'évêque et le docteur continuèrent à

s'entretenir de cette malheureuse famille qu'un moment avait suffi pour plonger dans l'affliction. M. de Boisdhyver promit au docteur d'aller lui-même à Isigny, s'il croyait que sa présence pouvait apporter quelque calme à la mère et à la fille ; mais les événements se pressaient, et à peine le docteur fut-il rentré chez lui, qu'un messager venait le chercher pour se rendre auprès de Suzanne, qui se sentait prise tout à coup de violentes douleurs. M. Richard partit à la hâte et trouva Suzanne assez mal pour ne plus la quitter : pendant trois jours il resta au chevet de son lit, accomplissant la difficile mission de rassurer la mère et de veiller la fille.

FIN DU QUATRIÈME VOLUME.

TABLE DES CHAPITRES.

		Pages
Chap.	I. La jeune fille devient femme	1
—	II. Correspondances	45
—	III. Les fleurs de Passion	89
—	IV. L'observatoire	131
—	V. La fuite	177
—	VI. L'employé séducteur	221
—	VII. Suites de la maladie	285

FIN DE LA TABLE.

Fontainebleau. — Imp. de E. Jacquin.

Les Coulisses du monde, par Ponson du Terrail.
   Première partie, L'HÉRITAGE D'UNE CENTENAIRE.   3 vol.
   Deuxième partie, GASTON DE KERBRIE. . . . . 3 vol.
   Troisième partie, UN PRINCE INDIEN. . . . . . 2 vol.
La baronne trépassée, par Ponson du Terrail. . 3 vol.
Il faut que jeunesse se passe, par Alexandre de Lavergne. . . . . 3 vol.
Sous trois rois, par le même. . . . . . . 2 vol.
Mademoiselle de Cardonne, par de Gondrecourt. 3 vol.
Le roman d'une femme, par A. Dumas, fils. . . 4 vol.
Les Princes d'Ébène, par G. de la Landelle. . . 5 vol.
Le Sultan du quartier, par Maximilien Perrin. . 2 vol.
Hélène, par madame Charles Reybaud. . . . . 2 vol.
Les grands jours d'Auvergne, par P. Duplessis. 9 vol.
Le chevalier de Pampelonne, par A. de Gondrecourt . . . . 5 vol.
La marquise de Belverano, par Léon Gozlan . 2 vol.
Mémoires d'un mari, par Eugène Sue. . . . . 4 vol.
Diane de Lys et Grangette, par A. Dumas fils. . 3 vol.
Un Drame en famille, par le marquis de Foudras. 5 vol.
Les Viveurs de Paris, par Xavier de Montépin . 13 vol.
Les Valets de cœur, par le même. . . . . . 5 vol.
Sœur Suzanne, par le même. . . . . 4 vol.
Le baron Lagazette, par A. de Gondrecourt. . . 5 vol.
Mont-Revêche, par George Sand. . . . . . . 4 vol.
Adriani, par la même. . . . . 2 vol.
Les Maîtres sonneurs, par la même. . . . . 4 vol.

Fontainebleau. — Imp. de E. Jacquin.

www.ingramcontent.com/pod-product-compliance
Lightning Source LLC
Chambersburg PA
CBHW060638170426
43199CB00012B/1601